Art Psychology
직장인 마음을 읽다

직장인 마음을 읽다

이수형 지음

직장인들의 고민,
심리학으로 답하다

BOOKQUAKE

정서 조절이 성공을 가져온다.
미술심리 이야기는 자신의 내면에 통찰을 가져와
개인의 Meta-Cognition을 확장하여 정서 조절을 돕는다.

인간은 태어나면서부터 혼자 살아갈 수 없다. 인간(人間)이란 한자도 '사람과 사람사이' 즉 인간의 사회성을 강조했고, 철학자 아리스토텔레스도 '인간은 사회적 동물이다.'라고 했다. 인간은 혈연, 집단, 국가 등의 범주를 넘나들며 다양한 사회적 관계를 만든다. 이에 따른 개인의 심리적 상황은 다양한 내면의 정서로 표출된다. 미술이라는 장르를 통해 작가의 통찰력 있는 내면 분석은 인간의 다양한 사회 관계망 속에서 생겨난 심리적 상황을 진단해 준다. 이 책은 단언컨대 자아 인식과 정체성 함양에 도움이 되는 지침서가 될 것이다. 바쁜 일상 속에 나를 찾고자 하는 직장인들이라면 이 책을 추천하고 싶다.

성북문화원 사무국장/ 한성대 강사 **강성봉**

저자와의 인연은 아이의 심리를 알아보고 싶은 엄마와의 만남에서 시작되었습니다. 그때의 나의 마음을 확실히 알게 되었고, 동시에 아이의 마음도 이해하게 되었습니다. 심리적으로 부족한 부분을 볼 수 있게 해주는 계기가 되었고, 나를 넘어서는 계기로 기억됩니다. 그리고 위로와 치유가 됩니다. 이 책을 보면서 그때의 마음을 떠올리며 또다시 넓고 큰 마음을 갖게 됩니다. 저자의 경력과 실력을 담은 책이 나와서 매우 기쁩니다. 많은 사람들이 이 책을 통하여 자신을 뛰어넘는 생각을 만들어 갈 수 있을 것으로 생각합니다. 꼭 읽어 보시기를 추천합니다.

배우 최지나

　한 개인의 성숙도는 자신을 얼마나 객관화하여 바라볼 수 있느냐에 달려있다. 자신에 대한 이해, 수용은 세상과 타인의 관계를 새롭게 설정할 뿐 아니라, 현재는 물론 미래의 자신을 개시한다. 오늘 우리사회 직장인의 비극은 닥쳐오는 일과 관계에 파묻혀 정작 자신이 누구인지를 바라보지 못한다는데 있다. 이 책은 '그림'을 통해 자기이해를 도와 온 저자의 오랜 경험과 탁월한 통찰이 묻어있다. 저자의 친절한 안내를 통해 우리는 모두 자신의 심연으로 내려가 자기분열과 소외를 바라볼 수 있고, 더불어 자신을 깊이 사랑하는 법을 배울 수 있다.

구루피플스(주)아그막 대표이사 / 이화여대 경영대학원 겸임교수 이창준이 책을 접하면서 '미술심리란 것은 마음이 순수한 아이들에게나 통하는 것'이란 선입견을 가졌던 나 스스로를 반성하게 되었다. 세계최초의 기술개발이라는 직선적 목표달성만을 위해 그동안 감추어 왔던 고통의 순간들이 책을 읽는 내내 그림처럼 스쳐 지나갔다. 이수형 작가의 탄탄한 이론 설명과 풍부한 실제 사례에 대한 해석을 읽으며, 첫 서문부터 책을 덮을 때까지 마음속에 폭풍 같은 공감의 파도가 몰아쳤다. 부연 설명이 필요 없는 책이다. '강추'라는 한 단어로 충분하다.

KT 융합기술원 **이종필** 상무

이 책은 하루의 일과를 작은 책상 위의 사물들과 나의 엉덩이만 겨우 붙일 수 있는 의자에 앉아 생활하는 직장인들을 위해 만들었습니다. 우리의 꿈은 사실 푸른 파도 위에서 서핑을 즐기거나, 커다란 배낭을 메고 두려움과 경이로움이 함께하는 타국을 여행하는 것들일 수 있습니다. 그 꿈이 이루어지길 소망하면서, 하루하루를 좁은 공간에서 지냅니다. 그나마 칸막이가 있는 책상은 혼자서 하품을 해도 슬쩍 지나갈 수 있겠지만, 타인과 어울려서 지내야 하는 환경이라면 그냥 지나치기 힘든 상황을 목격할 수도 있습니다. 이해해 줄 것이라는 생각으로 쉴새 없이 떠드는 사람이 있는 반면에 종일 한마디도 안 하는 사람도 있습니다. 서로가 서로에게 매우 피곤한 존재가 될 수 있습니다.

한 사람은 말을 해야만 이해와 소통이 이루어진다고 생각하고, 다른 한 사람은 너무 시끄럽거나 일방적일 수 있다고 느낄 수 있습니다. 내가 선택해서 이루어진 공간이 아닌 사람들과 일이라는 과제를 싫어도 좋아도 해야만 한다는 조건 속에서 살아가는 것입니다.

비교적 개인의 성향이 존중되는 외국계 회사에서 근무하던 기역 씨는 온순하고 착한 성향을 가지고 있습니다. 영어도 잘하고, 따스한 사랑 영화를 보면서 눈물을 흘리기도 합니다. 다정하게 일을 배려할 줄도 압니다. 그리고 잘한다는 피드백 받기를 원합니다. 이렇게 넉넉하고 사람 좋은 기역 씨가 상사에게 불려가 심각한 권고를 받습니다. 누군가가 불편한 일이 있다며 기역 씨를 고발하였고, 시정되지 않으면 퇴사를 하겠다고 말한 상태라는 것입니다. 기역 씨는 어떤 일인지 곰곰이 생각해 보아도 도무지 알 수가 없었습니다. '도대체 내가 왜 이러한 일을 겪어야만 하는가?'라며 억울할 뿐이었습니다.

기역 씨는 혼잣말하는 버릇이 있습니다. 그것은 나의 의견이 통하지 않거나, 일이 잘 진행되지 않을 때 큰소리로 욕설을 하는 버릇입니다. 기역 씨는 일의 성사가 방해되거나, 지연되는 전화를 받았을 직후에 더욱 그러한 행동을 하였던 것입니다. 주변에서 욕설 듣는 것을 견디다 못해 이의제기를 한 것입니다. 기역 씨는 자신의 소리가 주변에 들리지 않을 것이라고 생각했을까요? 자신의 분노를 표현하면 누군가가 위로를 해줄 것이라고 생각했을까요? 칸막이가 쳐져 있는 공간이라 할지라도 소리는 차단이 되지 않는다는 것을 모를 리가 없습니다. 기역 씨의 행동은 Freud가 말하는 무의식의 어떠한 부분이 수면 위로 올라오는 것입니다.

인간의 무의식은 참으로 다양하지만, 자신은 미처 알아채지 못하는 것들의 조합입니다. 무의식 안에는 방어기제(defense mechanism)라는 것이 있습니다. 수없이 많은 불만과 참지 못할 정도의 불안이 야기되는 상황에서 그 감정을 피해갈 수 있는 대안 행동이 나도 모르게 나타나는 것입니다. 이것은 매우 적절할 수도 있으며, 현명할 수도 있지만, 사실 매우 어리석은 사람처럼 보이게도 합니다. 어떠한 방어기제를 사용하는가에 따라 나타나는 것들이 타인에게 나에 대한 인상을 형성하게 됩니다. 결국, 기역 씨는 회사를 나와야 했던 심각한 상황까지 이어지고 말았습니다.

회사는 보상과 처벌이 공존하는 장소입니다. 사실 일을 추신하고 이루어가는 상황은 누구나 비슷할 것입니다. 잘하고자 하는 욕심도 있고, 실제로 잘하는 사람들도 많습니다. 빠른 판단이 우리에게 절실히 요구되기도 합니다. 누가 보아도 이득이 되는 일을 했어도 조직의 구성원들이 위협을 느끼거나 상대적 박탈감, 동료 간의 공격적 행동을 겪게 된다면 그 사람은 일을 잘하는 사람이 아닐 수도 있습니다. 이것은 조직문화와도 연결되는 것입니다. 회사에 큰 성과를 가져왔어도 대다수 조직원들의 업무에 영향을 미칠 정도로 감정적 손상이 온다면 장기적으로는 손해가 되는 사건들이 생기게 되기 때문입니다. 그 회사의 공기를 그나마 평온하게 유지할 수 있는 행동적 제약은 있기 마련이고, 조직원들은 그러한 암묵적인 문화를 받아들여야 할 필요성이 있습니다. 여기에 우리는 많은 행동을 낳고, 사건을 발생시키면서 진보와 퇴보를 거듭합니다.

우리는 심리적으로 의존할 동료가 필요하지만, 사실 동료는 경쟁자이기도 합니다. 심리적 원천에 이러한 의식이 깔려있기 때문에 그다지 친밀하게 지낼 수도, 혼자서만 지낼 수도 없습니다. 나의 심리적 행동 패턴을 성찰한다면 우리는 보다 많은 각색을 하면서 살아갈 수 있습니다. 기억 씨처럼 감당이 안 되는 상황에서 우발적으로 나타나는 욕설은 스스로가 다른 행동으로 바꿀 수 있습니다. 전화 통화를 한 후에 밖으로 나가서 진짜 들리지 않는 공간에서 소리를 칠 수도 있고, 그러한 공간이 없다면 종이에 욕설을 써나가도 좋습니다. 그래도 화가 멈추지 않는다면, 머릿속에 자아와 대화를 해도 좋습니다.

'내가 흥분했지? 또, 내가 욕을 할 뻔했어. 화가 너무 나는데 말이지. 이 순간이 또 왔으니 잠시 지나면 괜찮아질 거야. 늘 그랬잖아. 우선 이 일이 잘 처리되는 게 먼저겠지? 다른 사람의 입장, 관찰자가 되어 바라보자. 내가 화가 나는 것을 위로해 주기보다는 혐오스럽다고

생각할 거야. 방법을 찾아야 해.'

　이렇게 계속 말하는 동안에 나의 생각은 문제해결로 넘어갑니다. 보다 성숙해지는 것이죠. 우리는 자신의 통찰이 상위인지(meta-cognition)로 확장되어 가는 것을 알아야 합니다. 이 책은 직장인들이 자신을 바라보고 조절할 힘을 주고자 하여 만들어졌습니다.

1) Blythe Farb Hinitz (2013) The Hidden History of Early Childhood Education. Taylor & Francis.

2) Blythe Farb Hinitz (2002) Founding Mothers and Others: Women Educational Leaders During the Progressive Era. Palgrave.

3) Judith Rubin, (1983) "DAYENU: A Tribute to Margaret Naumburg," Art Therapy 1, no. 1. (October 1983): 4.

4) Patricia Buoye Allen, (1983) "The Legacy of Margaret Naumburg," Art Therapy 1, no 1. (October 1983): 6.

5) Robert A. Bitonte & Marisa De Santo (2014) Art Therapy: An Underutilized, yet Effective Tool. Ment Illn. Mar 4; 6(1): 5354.

6) E Adamson (1984) Art as healing. Therapy. Rv/ 72*47

7) C. Case & T. Dalley (2014) The handbook of art therapy. Routledge.

8) M. B. Junge (2016) The Wiley handbook of art therapy : History of art therapy. Wiley-Blackwell.

저는 수년 동안 미술작업을 하면서 그림을 그리는 자의 마음을 읽어왔습니다. 현재의 기분, 가정의 환경, 동료와의 관계를 직관적으로 볼 수 있게 되었습니다. '이것은 지극히 개인적이고 주관적인 너의 생각이 아니냐'는 물음을 저는 가볍게 깨뜨리곤 합니다. 미술치료의 역사는 1914년 Margaret Naumburg[1][2][3][4]가 예술이 중심이 되는 Waiden School을 설립한 이래로 크게 발전해 왔습니다. 1945년 Adrian Hill[5][6][7][8]이 '미술치료(Art Therapy)'로 병원에서 자신의 그림 작업이 치료 효과가 있음을 발견하여 책을 썼습니다. 미술은 내면의 불편한 감정을 처리해주는 적절한 행위적, 표현적 예술로 자리한 지 오래되었으며, 이러한 것에 관한 학술적 입증은 수년에 걸쳐서 이루어져 왔습니다. 미국 미술치료 저널(The American Journal of Art Therapy), 심리치료에서의 미술(The Art in Psychotherapy), 미술치료 (Art Therapy), 미술치료 회보(The Bulletin of Art Therapy) 등의 학술지와 관련 도서에서도 잘 나타나 있습니다. 저는 이러한 내용을 토대로 심리학의 주장을 적용하여 각기 다른 직무와 환경 그룹에 속하는 그림을 해석하고자 합니다. 그동안 제가 책을 쓰는데 선뜻 자신의 그림을 주신 많은 분들께 감사드리며, 소중한 그림을 하나씩 분석하는 데 있어서 긍정과 부정을 동시에 읽어 나가는 것에 존중과 고마움을 담을 것입니다. 부디 부정적인 부분을 해석해나가는 데 공감이 일지 않더라도 제삼자가 되어서 바라보길 권합니다. 자신의 모습을 받아들이는 것에는 분노가 일어날 수도 있습니다. 그래서 많은 상담의 초기에 저항이 일어나곤 합니다. 나의 문제에 우리는 상당히 너그럽지 못합니다. 사실 다른 사람은 그러한 내면의 기저보다는 표면적인 부분만을 보기 때문에 자신이 가진 근본적인 비밀은 알지 못합니다. 미술심리는 이러한 비밀에 접근이 쉽기 때문에 다소 놀라거나 두려운 생각이 드는 것입니다. 비록 보이고 싶지 않고, 나만이 알고 싶은 이야기라 할지라도 분노하지 않길 바랍니다. 이 부분을 넘어서서 더 세련된 나를 만들어 갈 수 있습니다. 나의 모든 것을 통찰하고 조절함으로써 뛰어넘길 바랍니다. 그러한 도움이 미술심리의 궁극적인 목표이고, 진정한 해방입니다. 직장에서 나타나는 크고 작은 문제에 뛰어들었다면, 또는 자신이 없어서 웅크리고 있다면, 더욱 이 책을 권합니다. 나의 긍정적인 부분을 더 발달해 나갈 수 있기 때문입니다.

CONTENTS

II. 직장인 미술이야기

I

들어가기 전에
(이론적 배경)

1. 미술심리 진단기법

We cannot speak other than by our painting. With a handshake your

‘그림 말고는 우리를 표현할 방법이 없습니다. 악수를 건네며 당신의...’

위의 글은 영화 Loving Vincent의 오프닝 시퀀스[9]에서 제일 처음 나타나는 내용이다. 가장 강렬한 글귀로 관객을 사로잡아야 하는 첫 글에 우리가 그림을 그리면서 대하는 태도 와 마음이 나타나고 있다. 최근 들어 한국인

9) https://movie.naver.com/movie/bi/mi/mediaView.nhn?code=144379&mid=36973#tab

이 가장 좋아하는 화가로 떠오르는 고흐의 그림을 보면서 공감하고, 감탄하는 감정을 담은 블로그의 글이나 고흐의 일생을 담은 영화, 뮤지컬을 감상하고 난 감상평의 글을 쉽게 볼 수 있다. 고흐는 자신의 심

상을 이미지로 나타내고 있으며, 그 이미지를 보면서 화가의 마음을 유추하고 공감해 간다. 맥락은 한 인간이 자신의 감정을 이미지로 남기고 다른 인간은 그 이미지를 보면서 그림을 그린 이의 감정을 느끼는 것이다.

"그림 속에는 그리는 이의 감정적 정서가 남아있을까?"

구체적인 설명은 어렵지만, 이 물음에 많은 사람들은 공감할 것이다. 심리 상담에서 미술을 활용한 형태는 크게 두 가지로 나눌 수 있다. 하나는 자신의 심성을 반영한 그림을 그리는 행위에 치중하는 것이다. 대상이나 상황에 따라서 다양한 재료를 준비하고, 실컷 원하는 작업을 할 수 있는 장을 마련해 준다. 흔히 내담자로 칭하는 참여자는 작업하면서 자신의 감정을 투영하는 과정으로도 부정적인 마음이 많이 해소된다. 이유는 미술작업 과정에서 그림 안에 그의 감정을 모두 쏟아내어 소거되기 때문이다. 이러한 과정은 한 번에 끝나지 않으며, 다수의 회기를 거쳐서 점차 소멸할 때까지 진행한다. 이것은 치료적 개념이며, 요즘은 스트레스를 풀기 위한 1회의 과정으로 변형한 미술 심리 프로그램들이 있다. 정형화된 그림기법을 그대로 따라 하는 구조화된 그리기이다. 이런 작업 위주의 미술은 시간 안에 완성된 형태를 가져갈 수 있는 기쁨이 있지만, 그저 따라 하면서 몇 시간을 보내는 지루함으로 창의적 발현은 되지 않는다. 창작해야 할 부담도, 잘 그려내야 할 의무도 없이 따라 그리기를 하면 작품이 나온다. 여기에 스트레스 해소를 더하면 그려진 그림을 찢어버리거나, 부수어버리는 퍼포먼스를 첨가하기도 한다. 스티로폼에 그림을 그리고 두 주먹으로 때리고 부수는 작업과 같이 과격하지만 신나는 행동을 하는데, 그림의 주제는 고객, 직장상사, 밉상인 동료가 될 수 있다.

이와 상반되게, 그려진 그림을 보고 마음을 읽어 나가는 미술심리도 있다. HTP로 알려진 집(House), 나무(Tree), 사람(Person) 그림검사는 그림을 그린 이와 면담을 통해 알아본 그려진 형태와 채색을 분석하여 현재의 감정, 사람과의 관계, 처한 환경 등을 유추한다. 그림검사는 미술치료 및 미술심리학회 등에서 연구와 임상을 거쳐서 고증된 몇 가지 유형의 검사 도구들이 있다. 학문의 형태이며, 이러한 학문이 존재하는지에 대한 문의를 종종 받기는 하지만, 미술심리를 담당하는 상담자의 주관적 해석이 아니라는 근거는 많은 논문이나 임상자료에서 이미 충분히 나타난 상태이다. 마거릿 나움버그(Margaret Naumburg)에 의해 만들어진 예술 중심의 학교 Waiden School(1914)와 그녀의 책 '역동적으로 지향된 미술치료(Dynamically Oriented Art Therapy)(1966)'[10]가 현재 미술심리의 토대였다. Buck(1948)[11]는 Freud의 정신분석학을 적용하여 집, 나무, 사람 그림

10) Margaret Naumburg (1966) Dynamically Oriented Art Therapy;: Its principles and practices, illustrated with three case studies. Grune & Stratton.

11) John. N. Buck (1948) THE H-T-P TEST. Journal of Clinical Psychology. Volume 4. Issue 2 Pages. 151-159.

12) Brian, C. R. & Goodenough, F. L. (1929). The relative potency of color and form perception at various ages. Journal of Experimental Psychology, 12(3), 197–213.

검사를 개발하였으며, 나무 그림검사의 시

작은 Jucker(1928)에 의해 처음 만들었고,

Koch(1952)가 이를 체계화하였다. 인물화검

사는 Goodenough(1929)[12]가 지능검사 도구로 사용하기 시작하였다.

이외에도 풍경그림검사, 문제해결을 위한 빗속그림검사. 가족관계를

알아보는 동적가족그림검사. 어항그림검사 등 많은 검사 도구들이 있

다. 그러나 아주 오래전에 그림을 분석하고자 하는 욕망으로 발달한

도상해석학이 있다.

1) 도상학에 대하여

13) Jan Bialostocki (1921–1988)는 18세기까지의 르네상스, 일반 미술 이론, 도상학을 연구한 미술사가이다. 주요 저서로는 『양식과 도상학, 예술학의 연구』, 『동부 유럽의 르네상스 미술』 등이 있다. 에케하르트 케멀링 편집, 이한 순 외 4명 옮김 『도상학과 도상해석학』 p69. 사계절출판사. 1997. 서울.

도상학이란 미술작품의 양식, 표현기법,

조형적 특징 등의 형식적인 면보다 그림 속

에 담긴 주제와 내용에 더 큰 관심을 가지는

미술사연구의 한 분야이다.[13]

아비 바르부르크(Abraham Moritz Warburg)

는 1887년부터 당대의 심리학적 미학, 특히 피셔(Friedrich Theodor

Vischer)의 미학을 연구하는 과정에서 [상징 Das Symbol]이라는 논문

을 자신의 학위논문에 인용하기 시작했다. 피셔의 상징[14]은 이미지와

의미의 특별한 공통점을 찾아 연결하는 것이다. 이를 토대로, 바르부

르크는 도상학이라는 방법론을 만들어 냈으며 근대적인 학문의 정립에 큰 기틀을 마련했다. 바르부르크의 영향을 받아 에르빈 파노프스키(Erwin Panofsky)[15][16]가 도상해석학의 방법론적인 단계를 만들어 낸다. 이것은 조형예술 작품의 기술과 내용해석으로 이루어지며, 그 내용의 알레고리에 집중한다. 방법론적인 단계는 3가지의 과정을 거치는데, 다음 페이지의 〈표 1〉로 정리된다.

첫째 단계는 사실 의미인 '무엇'과 표현 의미인 '어떻게'를 다루고 있다. 무엇을 그렸으며, 어떻게 그려져 있는가에 집중한다. 이것은 일차적인 '현상의 의미'로서 예술적 모티브의 세계인 보이는 것을 말한다.

둘째 단계는 문헌을 통한 지식으로써 '주제의 의미'인 이미지에 대한 언어적 해석을 말하며, 이차적인 관습적 내용을 담고 있다. 첫째 단계가 "무엇을 그렸는가"라면, 둘째 단계는 '그림에 관습적으로 붙여진 해석 내용은 무엇인가'로 요약할 수 있다.

셋째 단계는 종합적 직관으로서 상징적 가치를 이루는 '내적인 의미'를 말한다. 증언의 단계로서 기존의 관습적 내용에 따라 새로운 도상은 이러한 의미를 갖는다는 최종 해석이다.

14) Abraham Moritz Warburg used the term during a lecture at the Palazzo Schifanoia in Ferrara in 1912. Horst Bredekamp, Michael Diers, Kurt Forster, Nicholas Mann, Salvatore Settis, and Marin Warnke, eds., Aby Warburg – Gesammlte Schriften [Collected Writings] (Studienausgabe) (Berlin: Akademie Verlag, 1998 – 2009), 463.

15) Erwin Panofsky, Meaning in the Visual Arts (New York: Garden City, 1955)

16) Kaemmerling, Ekkehard (1997) 도상학과 도상해석학 : 이론. 전개. 문제점 [Ikonographie und Ikonologie : Theorien, Entwicklung, Probleme] 사계절 (원본발간일 1947).

파노프스키의 도상해석학을 적용하여 뒤러(Albrecht Dürer)의 동판화 [멜랑콜리아 Melencolia I]와 모리스 샌닥의 그림책 [괴물들이 사는 나라]의 표지를 도상해석학을 적용하여 분석해 보았다.

알프레드 뒤러(Albrecht Dürer)**의 동판화** [멜랑콜리아 Melencolia I]

모리스 샌닥(Maurice Sendak)**의 그림책** 『괴물들이 사는 나라 (Where the Wild Things Are)』

〈표 1〉 파노프스키의 도상해석학적 단계는 다음과 같다.

첫째 단계 전 도상학적 기술	둘째 단계 도상학적 분석	셋째 단계 도상해석학적 해석
현상의미로 예술적 모티브의 세계를 이루는 일차적 또는 자연적 제재.	주제의미로 이미지, 일화와 우의를 구성하는 이차적 또는 관습적 제재.	증언의미로 상징적 가치를 이루는 본래의 의미 또는 내실
실제적 경험 1. 사실의미 (무엇) 2. 표현의미 (어떻게)	문헌을 통한 지식	종합적 직관 (본질적 경향)

『괴물들이 사는 나라』[17]의 표지그림에는 아름다운 낙원에 작고 노란 돛단배와 커다

17) Sendak, Maurice (1963) Where the wild things are. Harper Collins.

란 괴물이 바닥에 앉은 채로 그려져 있다. 지면의 절반이 조금 안 되는 크기의 괴물은 오른손으로 턱을 받치고 있고 무기력한 모습이기도 하다. 감긴 눈은 잠을 자는 것 같기도 하고 생각에 잠긴 듯하다. 이러한 모습은 알프레드 뒤러의 동판화 [Melencolia I]에 나타나는 여인과 유사한 모습이다. 에르빈 파노프스키의 '조형예술 작품의 기술과 내용해석'을 기초로 분석한 결과는 다음과 같다.

도상해석의 첫째 단계로 사실의미는 대상인 '괴물'을 말하고 표현의미는 '상심에 차서 앉아있는', '생각에 잠겨 앉아있는', '무료하고 심심한 듯' 또는 '누군가를 그리워하는' 등이 될 수 있다.

둘째 단계는 문헌 기록으로 전승된 지식을 습득하고서야 비로소

접근이 가능한 주제의미이다. 에르빈 파노프스키(Ervwin Panofsky)와 프

리츠 작슬(Frtz Saxl)이 1923[18][19]년에 쓴 논문에 의하면 [Melencolia I]

18) Erwin Panofsky and Fritz Saxl.
(1923) Dürers 'Melencolia I.': eine
Quellen- und Typen-geschichtlicke
Untersuchung, Large 8vo. Pp.
xv+160, with 45 Plates. Leipzig:
Teubner,

19) Kaemmerling, Ekkehard (1997)
도상학과 도상해석학 : 이론. 전개. 문
제점 [Ikonographie und Ikonologie :
Theorien, Entwicklung, Probleme]
사계절 (원본발간일 1947).

에 그려진 건장해 보이는 한 '여자' 인물이 사실의미이며, 현상의미는 '한손으로 얼굴을 괴고 앉아있는', '상심한 듯한', '심사숙고 하는 듯', '불운이나 생각'이다.

셋째 단계는 증언의미로 괴물의 현상의미와 문헌 기록 속의 여인에 대한 현상의미의 관계를 통하여 도상이 해석학적으로 매우 유사함을 증명한다. 이 유사함에는 알레고리가 있다.

알레고리는 그리스어 '알레고리아 alegoria'에서 유래한 것으로 '나는 다르게 말한다.'라는 의미이다. [Melencolia I]의 '여인'과 『괴물들이 사는 나라』의 표지 속 '괴물'은 도상해석학적으로 매우 유사함으로 같은 알레고리를 지닌다. 미술학자 에르빈 파노프스키와 프리츠 작슬은 [Melencolia I]의 '여인'이 멜랑콜리이의 의인화된 모습이라 하였고, 우수와 권태 그리고 명상이라는 멜랑콜리의 3요소를 알레고리로 표현하고 있음을 말한다. '괴물' 역시 알레고리로 멜랑콜리를 가진다. '멜랑콜리'는 여러 의미를 가지는데, 히포크라테스가 '침울한 질병'이라는 병리적 현상으로 처음 사용하였고, 아리스토텔레스가 의미를 더 확장하여 '창조적 인간의 기질'이라 하였다.

화가 알프레드 뒤러의 시각에서 '멜랑콜리'는 '예술의 열성'을 의미한다. 영감의 근원, 예술가 '뮤즈'는 바로 '온화한 슬픔'을 가진 '여인'으로 묘사되었다.

문학에서 '뮤즈'란 인간이 신으로부터 부여받은 창조적 의미이며 알레고리로 멜랑콜리를 나타낸다. 『괴물들이 사는 나라』의 표지 속 괴물은 '뮤즈'의 역할을 하는 멜랑콜리로 책의 전체 내용을 암시하고, 이야기를 창조할 수 있는 동기를 제공한다. 본문에서 맥스가 괴물나라를 떠날 때 이들의 상실감은 말로 할 수 없이 컸다. 표지 속 괴물은 맥스가 돌아오기를 기다리지만 비어있는 맥스의 노란색 돛단배를 보며 상실감, 실망감을 간직하게 된다. 괴물의 멜랑콜리는 또 다른 맥스를 기다리는 것이며, 맥스가 있었던 기간의 아름다운 행복을 기억하고 있는 모습이다. 이러한 결말을 보여주는 표지는 한 권의 그림책의 내용을 충분히 만들 수 있는 동기가 된다. 즉, 멜랑콜리한 괴물의 모습을 통하여 왜 이러한 모습을 지니게 되었는지 생각하게 하고, 그림책을 읽으면서 괴물의 심정을 이해하게 되는 것이다. 그래서 표지는 '뮤즈'의 역할을 하는 것이고, 결말을 먼저 보여주는 형식이 되는 것이다.

여기에 미술심리 세미나에 참석했던 뛰어난 전직 CEO의 그림을 가져와 비교해 보고자 한다. 그림의 주인공은 고위 관리직에서 화려한 언변으로 자리를 확고히 하던 남자분이다. 여러 상황으로 쫓겨나듯 자리에서 물러나야 했던 상처를 안고 있다. 그림을 그린 이는 자신이 스스로 현자이면서 모든 것을 통치하는 나라의 수장이라고 한다.

    마을에는 똑같이 생긴 집에서 똑같이 나누어진 논과 밭을 일구는
사람들이 밥을 해 먹는 행복하고 평화로운 곳이라고 설명했다. 그러
나, 그림을 읽어보면 행복과는 거리가 멀다. 과연 똑같이 배분된 땅을
경작하고 똑같이 생긴 집에서 살아가는 사람들이 스스로의 노력과 선
택에 의해서 살아가는 것일까? 분명 자신이 완벽하게 만들어 놓은 행
복한 나라를 표현하는 통치자, 지배자는 자신의 생각이 제일 뛰어나다
고 하는 오류를 가지고 있고, 그 안에서 살아가는 사람들은 착취인들
이 아니고 무엇일지 생각해 봐야 한다. 이상적인 상상을 현실에서 일
반화하는 오류를 범하는 그림의 주인공은 직장에서 오래 버틸 수 있는

인물은 아니었던 것이다. 주변에서 겸손이나 배려를 모르는 잘난 사람에 대한 반응은 차가움이 답일 뿐이다. 정말 자신이 뛰어나다면 타인에 의해서 인정을 받아야 하며, 더불어 살아가는 공간이므로 독선보다 설득력을 갖추어야 한다. 마음을 움직이는 능력 또한 리더가 가져야 할 가치이다. 결국, 그림 속의 자신은 높은 산에 혼자 앉아 천상의 신처럼 그렸지만, 손과 발이 없어 움직일 수 없는 존재이며, 뒤러의 그림 속 여인과 모리스 샌닥의 괴물처럼 상심에 차서 앉아있는 존재일 뿐이다. 결국, 우울과 허상인 멜랑콜리를 나타내고 있다. 그림은 이렇게 도상해석학에 의해 읽힐 수 있다.

이야기를 꺼내고 한참을 자신의 심경을 토로한 그림의 주인공은 세상이 자신을 인정해 주지 않는 것에 극심한 상실감을 표현하였다. 자신이 너무 뛰어나서 경계하는 것이라고 현실을 '왜곡(distortion)'하고 있었다. 방어기제의 한 종류인 '왜곡'은 자신의 능력을 과대평가하면서 상황을 있는 그대로 받아들이기 두려워 가상의 현실을 만들어 내고 증명하고자 한다. 그래야만 마음이 편해지는 것이다. 잘못은 주변에서 나를 시기하고 견제하는 세력들이지 나의 잘못은 아니기 때문이다. 이것이 더 심해지면 정신병의 일종인 '부정(daniel)'까지 갈 수 있다. 자신이 인정받지 못하는 것은 모든 사람 중에서 가장 뛰어난 자가 자신이라는 전제이다. 자신을 신으로 미화하고 있는 상황에서 타인들이 얼마나 피해를 보는지 생각해 봐야 한다. 자신의 성찰이 필요한 부분이다. 이 생각을 깨지 못하면 자신의 뛰어난 부분은 설득력을 잃을 것이다. 인정받는 것은 겸손과 공감에서 나온다. 내가 타인을 공감하지 못하고 존경하지 못한다면, 타인은 절대로 나를 공감하지도 존경하지도 못한다.

감정에는 쉬운 공식이 있다. 내가 비치는 대로 상대도 나에게 행동한다. 내가 타인을 무시하는데, 타인이 나를 존경할 리가 없다. 이것을 받아들이기까지 그는 매우 어려운 과정을 거쳤다. 자신을 지탱해 주는 '자신감'을 다 잃어버리는 듯한 고통을 겪었으나, 결과적으로 내가 변하니 타인도 변하는 것을 깨닫게 되었다. 긴 시간이 필요했고, 자신이 가졌던 절대적인 것이 틀렸다는 것을 인정하기까지 괴롭고 고통스러운 시간이었다. 그러나 자신이 틀린 것이 아니라, 인정받고 싶어 하는 마음이 '자신감'이 아니라는 것을 알게 되는 과정이었다. 하나 더 알게 된 것은, 자신이 타인을 무시하고 비하할수록 타인이 자신에게서 차가워지면서 타인도 자신을 비하하는 것이다. 이러한 감정을 줄 때는 논리적이고 정당하다고 생각하지만, 자신이 받을 때는 비합리적이라고 생각하면서 현실을 '왜곡'했었던 것이다.

그럼은 참뜻 Significance와 숨은 뜻 implication의 해석이 나타난다. 이 논의는 에른스트 곰브리히(Ernst Gombrich)가 의미해석상의 문제성을 논의하면서 도상해석자는 과연 의도된 의미(intended meaning)에 대해 먼저 고려하는지 묻는다.[20] 특히 무의식의 심상이 나타나면서 이러한 의미를 명확히 하기 어렵게 되었다. 다행히 이 논의는 문학 비평가 히쉬르 (D.E. Hirsch)의 [해석에서의 유효성(validity in Interpretation)][21] 이라는 책에서 매우 자세히 논의하고 있다. 그림을 그리는 이가 의도했던 것을 의미하며 해석자가 찾아내려는 최선을 다해야 한다는 것이다. '의미(meaning)'는 해석자가 참뜻과 숨은 뜻을 사용하기를 권한다.[22]

미술심리라는 측면에서 많은 학자가 실제 사람들이 그린 그림의 의미(meaning)를 알기 위해서 임상이라는 과정을 거쳤고, 연구결과들이 쌓이기 시작했다. 예를 들어 풍경 그림에서 자연스럽게 태양을 그린 사람은 참뜻으로 "따뜻한 날씨예요", "해가 있으면 좋을 것 같아서요"라고 말한다. 그러나 숨은 뜻으로 "태양 자체는 아버지의 상징이며, 위치가 낮고 거의 진 상태는 아버지와의 정서적 거리감을 나타낸다. 태양의 크기 정도는 욕구가 큰 정도를 표시한다"로 담고 있다. 이 숨은 뜻은 Alshuler & Hattwick (1947)[23], Bell[24], Buck[25] 등의 연구자들이 공통으로 제시하는 내용이다. 이들은 각기 분석기준을 가지고 있지만, 대상자와 그림을 그리는 상

20) E. H. Gombrich (1972) Symbolic Images. Phaidon.

21) Hirsch, E. D. (1973) Validity in Interpretation. Yale University Press.

22) Kaemmerling, Ekkehard (1997) 도상학과 도상해석학 : 이론. 전개. 문제점 [Ikonographie und Ikonologie : Theorien, Entwicklung, Probleme] 사계절 (원본발간일 1947).

23) Alschuler, R. H., & Hattwick, L. W. (1947). Painting and personality: A study of young children. Chicago, IL: University of Chicago Press

24) Simon Bell (2011) Art Therapy and Spirituality, Journal for the Study of Spirituality, 1:2, 215-230. DOI: 10.1558/jss.v1i2.215

25) John. N. Buck (1948) THE H-T-P TEST. Journal of Clinical Psychology. Volum 4. Issue 2 Pages. 151-159.

황, 대상자가 처한 가정이나 직장의 환경에 따라서 해석은 달라질 수 있으므로 충분히 그림을 그린 이와 이야기를 나누어야 한다. 같은 색, 같은 크기, 같은 위치에 태양이 있을지라도, 어떤 이는 아버지가 든든히 지켜주는 숨은 뜻을 지니고 있지만, 아버지가 없는 상황에서 자신의 불행을 감추기 위해 평소 동경하는 아버지를 생각하면서 이상적인 태양을 그리는 사람도 존재한다. 이것을 알아보는 것이 미술심리 상담을 하는 사람의 기본 자질이다. 그러기 위해서는 많은 케이스를 접해보아야 한다. 케이스 안에는 면담이 포함되어 있으며, 상황과 그 안의 사람들이 그려낸 그림의 형태를 이해하고 그림을 읽어 나갈 수 있게 된다.

2) 색에 대하여

26)

마크 로스코 (Mark Rothko)는 러시아 출신
의 미국 화가로서 '색면 추상'이라고 불리는
추상표현주의 대표 화가이다. 한때 뉴욕의

26) 레드 온 레드 red on red, 마크
로스코 Mark Rothko(1970). 캔버
스에 아크릴. 미국 민속 예술박물관
American Folk Art Museum 소장

경매소에서 813억이라는 최고가에 낙찰되기도 했었던 그의 작품은 금
액으로서의 명성만으로 유명한 화가는 아니다. 그는 최소의 예술적인

기교와 각색으로 사물의 근본만을 표현하는 '미니멀리즘'의 대표적인 화가이다. 인간의 근본적인 감성을 한 가지, 또는 두 가지의 색채 덩어리로 표현하였다.

애플의 스티브 잡스는 마크 로스코의 작품을 애정한 나머지 애플의 모든 제품에 미니멀리즘을 적용하기도 했다. 거대한 캠퍼스이지만 절제된 색채는 바라보는 이가 지닌 사고의 영역을 자극한다. 그 색에 반응하는 떠오르는 생각의 덩어리는 지극히 자극적이다.

우리나라에서도 2015년 한가람미술관에서 마크 로스코의 전시를 했었다. 다들 생소해 하면서 작품을 보러 가고, 감상을 한 후 느끼는 감정의 역동에 감탄사를 질렀다. 온통 붉은 피를 느끼는 색감이 커다란 캠버스에 가득 들어있기 때문이다. 붉은색이 주는 압도감은 그림을 그린 작가를 이해하는 이유로 충분했다. 마크 로스코는 우울증과 건강 악화에 시달리다가 자살함으로써 생을 마감했기 때문이다. 그는 자신의 작품이 추상화가 아니라고 했으며, 오직 색채나 형태나 그 밖의 나른 것에는 관심이 없다고 하였다. 마크 로스코에게는 자신의 작품을 보는 사람들과 예술 사이의 긴밀한 연관성이 중요했다. 그는 인간의 기본적인 감정인 비극(tragedy), 무아지경(ecstacy), 파멸(doom) 등을 표현하는 데 관심을 쏟았음을 말했다.[27]

27) 50 Modern Artists You Should Know (2017) Christiane Weidemann

28)

"나는 내 그림이 모습이나 풍경을 재현하는 것이 아니라, 한편의 서사(narrative)가 되기를 바랍니다." 마크 로스코의 바램이 이 한 문장에 담겨있다. 색채 덩어리 표현이 작

28) 무제 Untitled 블랙 온 그레이 Black on Gray, 마크 로스코 Mark Rothko, (1970) 캔버스에 아크릴 203.3cm x 175.5cm. 미국 워싱턴 디시 인터네셔널 갤러리 National Gallery of Art, Washington, D.C. 소장.

가의 인생 서사를 담고 있음을 부인할 수 없다. 말년에 그의 그림은 더욱 죽음의 경계에 다가가고 있었다. 캔버스는 검은색으로 가득하였고,

자신의 예술이 더 이상 후세에게 이어지지 않고, 다른 양식의 그림들이 환영을 받는 것에 절망하고 있었다. 그의 고뇌는 자살로 이어졌다. 그의 작품은 대단한 서사가 되었음을 증명하는 또 다른 예술로 연극 [Red 레드]가 무대에 올려졌다.

마크 로스코의 예시처럼 그림에서 색은 인간의 감정을 담고 있는 것으로 해석된다. 빨간색은 죽음. 피. 선혈로 연상되어 파괴적이고 기괴하고 잔혹한 감정을 즉각적으로 떠올리지만, 빨간색 장미꽃, 붉은 립스틱, 탱고를 추는 무희의 빨간 의상은 정열적인 아름다움의 감정을 느낀다. 정열은 환희, 열정, 사랑의 감정으로 해석되기도 한다. 빨간색은 이렇게 두 가지의 정반대의 감정을 담고 있다. 빨간색뿐만 아니라 모든 색은 양가감정을 담고 있다.

양가감정(ambivalence)은 논리적으로 정반대의 유형, 행동, 의견, 감정 사이에 있는 두 가지 표상이 함께 존재하는 상태를 말한다. 긍정과 부정의 의미가 함께 들어 있으며, 그리는 이의 이야기를 듣지 않고 절대로 하나로 귀결하면 안 된다. 그림을 그리는 이의 감정은 말로 표현하기 어려운 것들일 수 있고, 자신이 스스로 느끼지만 말하기 싫은 감정일 수도 있다. 또한, 자신의 마음은 부정적인 감정이면서도, 타인에게는 반대로 긍정적인 이야기를 하는 사람들도 있다. 친밀함에는 단계가 있는데, 자신의 진정한 속마음을 보여주어도 공감을 해줄 수 있는 단계까지 가려면 상당히 오랜 시간을 함께한 사이여야 한다. 만난 지 얼마 되지 않아 자신의 모든 것을 설명하는 것은 친밀의 단계를 뛰어넘기 때문에 부담이라는 부작용이 발생하여 거리를 두게 된다. 양가감정의 해석은 이러한 다양한 사람의 특성을 이해하고, 면담 시에 나타나는 내용이 참인지 거짓인지를 파악해 내야 한다.

결과적으로, 그림에는 양가감정이 동시에 들어 있기에 그리는 이의 외부환경 이해, 영향을 주는 타인과의 면담, 그리는 이 본인과의 면담을 통하여 다양한 이야기를 나눈 후에 최종 그림의 해석을 도출해야 한다. 상당히 많은 케이스를 경험해야 직관적인 해석력이 생기며 기존의 해석 자료들도 충분히 보고 익혀야 한다. 그림을 해석할 때 일반적인 경향으로 생각하고 읽기의 요령인 고정관념(Stereotype)을 물어보는 이가 있다. 해석에서의 고정관념은 심각한 오류를 만들어 낼 수 있다. 특정 개인의 심상을 무시하고 단순화된 도식으로 함축하기 때문이다. 색이 주는 고정된 관념들과 이와 관련된 많은 강의를 한 번쯤 들어본 적이 있다면, 대충 감은 온다. 관련하여, 듣는 말들은 아래와 같이 부정적인 말들이나, 걱정이다.

"보라색은 병적인 색감인가요?",

"검은색을 쓰면 안 좋은가요? 자폐나 지체가 있는 이가 쓰는 색이라고 하던데요."

"붉은색은 공격적인 성향의 색인가요?"

'심리'라는 말이 사용되면서 특별히 어떤 진단이나 병명으로 낙인될까 걱정하곤 한다.

그렇다면 위의 색들을 제외한 색만을 사용하면 괜찮을까? 분홍이나, 파랑, 초록, 노랑, 주황 같은 색은 어떨까? 분홍을 사용하는 여자는 공주라는 인상이 들게 하고, 남자가 사용하면 성 정체성을 의심하게 된다. 영어의 Blue를 번역하면 우울이란 단어도 포함된다. 파랑은 안정적인 색이기도 하지만, 우울감도 포함되는 것이다. 초록은 자연을 상징하니 좋은 색이 아닐까? 물론 회생의 의미를 가진 초록은 자연이 주는 안식처를 제공한다. 그러나, 보수적이고 행동하지 않는 사람을 나타내기도 한다. 노랑은 유아기 사고에 머물러있는 사람이 좋아하는 색으로 의존적이다. 주황은 외향적인 성향의 색이지만 지나치면 간섭이 많은 사람, 일을 많이 벌이는 사람이 선호하는 색이기도 하다. 이렇게, 모든 색상은 각각 부정적인 면을 가지고 있다. 특별히 많이 나쁘게 해석되는 색만을 사람들이 기억하면서 걱정을 하는 것이다.

사람들의 심리에는 보편타당한 무리에 속하려는 군중심리가 있다.

특별히 다른 모습이 나타나면 배척당하거나 놀림을 하는 문화가 우리 안에 있는 것이다. 어린아이들이 따돌림을 만들어 내는 이유도 이러한 것에 있으며, 직장에서도 조금 다른 특성을 보이면 그 사람을 피하게 된다. 따돌림(Bullying)에 시달리지 않으려면, 보편적인 방어는 기본이지만, 아주 까다롭게도 특별히 다른 것들이 나타나면 안 된다. 그래서 색채심리를 알아보자고 하면 대부분은 나무는 밤색에 초록, 얼굴은 살구색, 머리는 검은색 등등 정해진 보편타당한 색을 사용하는 것이 아무런 해가 없다고 믿는다. 그래서 자녀들에게도 이렇게 관념적으로 가르친다.

그러나 색은 양가감정을 지니고 있다. 부정적인 측면이 있지만, 긍정적인 측면도 가진다.

다름은 결코 나쁜 것으로 해석되지 않는다는 것을 인식했으면 한다. 이러한 것을 가져야만, 다름도 존중받고, 영재도 탄생하게 되는 것이다.

검은색은 모든 것을 흡수하는 색이다. 소멸도 되지만, 수용도 된다. 보라색은 혼합색이다. 중립의 색이며, 지적으로 발달한 사람의 색이기도 하다. 빨강은 공격적인 색이기도 하지만, 환희와 정열의 색이기도 하다. 이러한 감정은 매우 설레고 기대감을 품고 있는 것이기도 하며, 동시에 잠재적인 힘까지 끌어내는 것이다. 어찌 찬사를 보내지 않을 수 있을까?

분홍은 공주도 되지만, 매우 사랑스러운 성향이기도 하다. 잘 보호된 해맑은 모습도 같이 떠오른다. 파랑은 우울의 색이기도 하지만, 정화의 색이기도 하다. 우울한 빗줄기를 지난 날씨는 가시거리가 매우 멀리까지 가게 해줄 만큼 청명한 하늘을 준다. 그 상큼함도 함께 가져가는 색이 파랑이다. 초록은 보수적이기도 하지만, 자연의 생명력을 전달해주는 성장과 회생의 색이다. 노랑은 유아기의 밝고 맑은 웃음과 같은 색이다. 귀엽고 엉뚱한 아이들의 행동이 곧 노랑이다. 주황의 활동력은 홍길동을 능가한다. 일을 좋아하고, 처리하는 데 능숙하여 많은 관계를 맺는 긍정이 있다. 이렇게 색채에 심리가 담긴 것은 사실이지만, 해석하는 과정에서 중요한 예의를 거쳐야 함은 인간의 심성을 다루는 것이기 때문이다. 충분한 객관적 사실과 해석의 근거가 있어야만 한다.

3) 재료 및 채색 표현에 대하여

미술심리는 그리는 이가 선택한 재료, 표현방법에 따라 해석을 달리하게 된다. 여기에 미술을 전공하지 않은 두 성인의 그림이 있다. A와 B는 친한 친구로 동갑이다. 그림을 좋아하고 손으로 만드는 수공예를 즐기는 두 사람이다. 어느 날 둘은 여느 때와 마찬가지로 다른 친구들과 어울려 그림카페에 들렀다. 다들 즐겁게 자신이 좋아하는 미술도구를 선택하여 그리기 시작했다. 그러나 B가 여럿과 어울려 그리기를 즐기는 것과 달리 A는 무리에 끼지 않고 혼자 물감 그리기를 지속하였

다. 그림은 판이하게 달랐다. 그것은 옳고 틀리고의 차이가 아니며, 잘하고 잘하지 못하고의 차이가 아니다. 친구들과 깔깔거리며 대화를 하고 즐겁게 그림을 그리는 B와 달리 아무 말도 없이 긴 시간을 친구들과 떨어져서 혼자서 물감 그리기를 하는 A와 성향의 차이였다. 성격이 다름은 정서적으로 다른 것이며, 이것은 그대로 그림에 나타났다.

A와 B는 모두 나무가 있는 풍경을 그렸다.

같은 시간, 같은 공간에 있으면서도 둘의 나무는 계절을 달리하고 있었다. A는 잎이 하나도 없는 추운 겨울의 나무이고, B는 열매가 풍성한 늦여름의 나무이다. A의 그림에는 해가 없다. 따뜻한 느낌이 하나도 없다. 서정적이며 흐리게 나리는 눈덩이 표현이 앙상하고 추워 보이는 나무를 오히려 따뜻하게 만들어 주고 있다. 미술을 전공하지 않았음에도 수채화 물감을 사용하는 방법에 있어서 아름답게 표현을 하고 있다. 구름은 어둡다 못해 검은색을 포함하고 크게 자리하고 있다. 눈이 나리는 춥고 메마른 가지는 마치 누군가에 의해 잘린 모습이다. 마치 군대에 가야 해서 억지로 밀어버린 머리카락 같다. 섬세한 번짐의 구름과 눈은 서정적이며, 눈을 그리기 위해 사용한 민트색 크레파스는 연하고 애처롭다. 춥고 어두운 겨울 한 자락을 너무나 섬세하게 표현 하였다.

간혹, 지적으로 발달한 사람에게서 우울함을 발견할 수 있는데 음악가로서 베토벤이 있으며, 글로서는 쇼펜하우어가 있다. 미적가치로는 최상이지만, 정서적 가치로서는 다소 낮은 단계로 지지와 공감을 해줄 수 있는 사람이 필요해 보인다. 예술적 기질을 가진 사람은 감성이 발달할 수 있는데 예민하고, 우울하며, 어울리는 것이 어렵고 그로 인해 혼자가 좋은 사람이 있다. 혼자서 무한히 창작하며 몰입할 수 있기에 더욱 고립되는지도 모른다. 또한, 자신의 생각을 공감해 줄 이가 주변에 있지 않다면 더욱 혼자를 선택할 수 있다.

그에 반해 B는 미술을 전공하지 않은 사람들이 흔히 그리는 그림으로 도식이 양식화되어 있다. 양식화되어 있다는 말은 나무는 기둥에 둥글둥글 머리처럼 잎들이 모여 있는 형태, 꽃은 동그라미 네 개를 그려 잎들이 붙어있는 형태, 해는 동그랗고 반짝거리게 표현한 것으로 누가 보아도 나무, 꽃, 해, 구름을 알 수 있다. 색 또한 지정된 듯 초록과 빨간 열매로 상징적인 그림을 그렸다. 미적가치로는 최하가 될 수 있으나, 정서적 가치로는 상중으로 건강하다고 해석할 수 있다. 긍정적 정서를 표현하는 상징적인 사물(도상)을 그렸다. 그것은 든든한 지지자를 의미하는 해가 가운데 떠 있으며 구름에 가려있지 않고 밝고 따뜻한 빛을 비추고 있기 때문이다. 나무에는 붉은 열매가 열려 있어 한 해 동안 정성으로 키운 나무에 실한 결실을 보이고 있다. 나무는 성장이고 든든한 모습은 보이는 그대로 튼실하게 잘 지내고 있음을 보여준다.

B는 곧 승진을 앞두고 있다. 친구들과 관계도 원만하고 함께 어울

리는 것에 무리가 없다. 정서는 환경과 기질, 주변인의 영향을 모두 받는 것이기 때문에 변할 수 있다. A가 자신의 생각을 공감해 줄 수 있는 지지자가 나타난다면 그의 그림은 변할 것이다. 그러한 조력자가 미술심리 상담사 또는 심리전공 상담사가 될 수 있다. 주변에서 이해의 폭이 넓은 애정이 있는 조력자가 있다면 더 쉽게 편안해질 수 있다. 가정에서는 부모나 형제자매의 몫이고 직장에서는 팀장과 동료, 관리자의 몫이 될 수 있다.

어떻게 이런 부분까지 헤아려야 하는지 되묻고 싶을 수도 있다. 그러나 A같은 지적 수준이 높은 이가 필요한 직장이라면 그 역량을 발휘할 수 있는 환경을 조성해 줄 필요가 있다. 상상하지 못할 새로운 아이디어를 가져올 것이다. 이러한 환경과 관계조성이 그 기업의 고유한 문화를 형성하게 되고, 그것은 [조직문화]로 기여할 것이다. 복지를 위하여 예산 수치를 좀 더 높였다고 말로 떠드는 복지가 아니라 실질적으로 정서의 필요성을 이해하고 공감해 주는 환경조성이 필요한 것이다.

그림에는 이렇게 우울 등의 감성이 표현되며, 일부는 정신적 질병도 드러난다. 다음 장의 그림은 자신을 세모로 표현한 그림이다. 세모가 끊어져 이어지지 않는 것과 똑바로 서지 못하고 흐물거리는 온전하지 않은 세모가 있다. 둘 다 자신이라고 표현한 이 사람이 앓고 있는 병은 정신분열증이라고 알려진 조현병이었다. 한때 강남역 살인사건

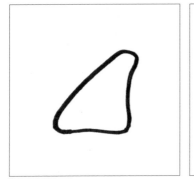

으로 알려져 일반인들이 관심을 가지게 되었고, 각종 묻지마 살인사건이 생길 때 가해자가 앓고 있었다 하여 형량을 감면받으려는 병이기도 하다. 이 그림을 그린 이는 조현병 진단을 받고 정신병원에 입원치료를 받았으나 전혀 호전되는 느낌을 느끼지 못한 과거 병력이 있는 사람으로서 예술을 통한, 특히 그리기를 통한 완치를 희망으로 미술심리를 원했던 사람이다. 상담을 왔을 때 자신의 병력을 말하지 않았지만, 세모 그림을 그리고 자신을 설명하는 그를 통해 '조현병'임을 알 수 있었다. 며칠 후 부모와의 면담에서 일상적으로 부모의 가게를 돕고 있으며, 부모의 말로는 머리도 좋고 착해서 가게를 돕는 데 무리가 없다고 하였다. 또한, 몇 년 전 '조현병'으로 입원했던 기록도 말해주었다. 이렇게 일상적인 삶 속에 다양한 사람들이 함께하고 있음을 우리는 알아야 한다.

2. 공감가는 심리학 이론

1) Sigmund Freud의 방어기제 (defence mechanisms)

심리학에 관한 관심이 있는 사람이라면 누구나 들어봤을 이름이 지그문트 프로이트 (Sigmund Freud)이다. 특별히 미술심리와 관련하여 프로이트의 정서표현 이론을 이야기하고자 한다면 수압(hydraulic)에 비유하여 설명할 수 있다.[29] 인간의 감정인 정서는 억압된 안 좋은 기억을 다시 꺼내어 마주하여 방출하게 되면서 평온을 찾을 수 있게 된다. 프로이트는 흘러넘쳐 터지기 일보 직전에 출구를 찾아주어 수압을 줄여주는 방법으로 내부의 에너지 또한 빠져나가는 데 도움을 주면 좋다는 의견이다. 프로이트의 이 비유는 크나큰 영향력으로

29) S. Freud & J Breuer (1955) Studies on hysteria (Standard ed., Vil.II), Hogarth. (Original work published 1893-1895)

많은 분야에서 이 이론을 가져왔다. Perls가 1949년 창시한 실존주의

심리요법인 게스탈트요법(Gestalt therapy)[30]과

Blatner가 1988년 활동적이고 재미있는 놀

이치료의 한 형태로 심리극(Psychodrama)[31]을,

Rogers가 1946년 친교적 집단 활동으로 개

인의 변화를 목표하는 참만남집단(encounter

group)[32] 등이 이에 해당한다.

30) Fritz Perls (1973) The Gestalt Approach & Eye Witness to Therapy. Science and Behavior Books.

31) A. Blatner (2000) Foundations of psychodrama: History, theory, and practice. SpringerPubCo.

32) Rogers, Carl R. (1970) Carl Rogers on encounter groups. Haper & Row.

미술심리 치료(Art therapy) 또한 자신의 내면에 가득한 불안전하고 표현하기 부적절한 감정이나 억눌린 감정, 자신도 깨닫지 못하는 부정적인 정서를 꺼내어 그리기로 표현하면서 해소하는 과정으로 수압에 비유할 수 있다. 미술심리 과정에서 그림을 그릴 때 자신의 내면 이야기를 자연스럽게 그려내는 참여자를 볼 수 있다. 이후, 자신의 그림을 설명하면서 그릴 때는 이런 의도가 아니었다는 참여자를 볼 수 있으며, 해석에서 깊게 다가갈수록 두려움을 느끼거나, 더 깊숙한 마음을 꺼내거나 하면서 다양한 반응을 나타낸다. 과정을 진행하는 치료사는 이러한 순간에 적절한 대응을 하는 것이 중요하다.

Sigmund Freud는 1894년에 방어의 신경-전이증(The Neuro-

Psychoses of Defense)[33]에서 처음으로 방어기

제를 언급하였다. 그는 고통스럽게 참기 힘

든 감정이나 기억, 생각에 대항하는 자아

33) S. Freud (2013) The Neuro-Psychoses of Defence. Read Books Ltd. (Original work published 1894)

의 투쟁으로 설명하였고, 정신병리들과 연관 지었다. 이후에 그의 딸

34) A. Freud (1946) The ego and the mechanisms of defense. Univ Press, New York.

Anna Freud가 1946[34]년 자아방어기제로서 보다 현실에서 나타나는 여러 가지 징후들

을 가지고 설명하였다. 일상적으로 만날 수 있으며 자아가 성숙할수록 방어기제 또한 성숙한다고 보아서 그 성숙도에 따라 분류할 수 있다는 주장을 하였다. 이후 Vaillant가 1976[35]년에 30년 이상의 장기 추

35) G. E. Vaillant (1976) Natural history of male psychological health : V. The relation of choice of ego mechanisms of defense to adult adjustment. Archives of General Psychiatry.

36) Kaplan, H. I., & Sadock, B. J. (Eds.). (1989) Comprehensive textbook of psychiaty. New Haven, CT: Yale University Press.

적 연구를 통하여 방어기제를 위계에 따라 정신병적 수준, 미성숙한 수준, 신경증적 수준, 성숙한 수준 4단계로 구분하였다. 분류는 학자마다 조금씩 차이가 있지만 1989년 Kaplan과 Sadock[36]의 성숙도에 따른 분류체계를 가장 많이 사용하며, 다음과 같다.

자기애적 방어기제로 투사 (projection), 부정 (denial), 왜곡 (distortion), 고립 (isolation), 백일몽 (day-dream) 등이 있다.

투사는 본인 스스로의 결점이나 용납이 안 되는 충동, 감정 등을 타인에게 전가하여 타인 역시 결점을 가진 존재로 만들어 버림으로써 감정적 스트레스를 처리하는 것을 말한다.

부정은 현실의 상태를 전면적으로 거부하는 것으로 기억상실증과 같은 병리적인 증상이다. 다만, 상황에 따라 원만한 현실적응을 위하

여 내적인 사고를 자신으로부터 일시적으로 분리하는 것이라면 심리적 안정감을 주기도 한다.

왜곡은 본인의 이미지를 과장되게 긍정적으로 지각하고 있는 상태를 말하며 나르시시즘으로 진행되는 자아도취에 빠진 것일 수도 있다. 어려운 일을 시도할 때 긍정적으로 작용할 수 있으나, 매우 많은 왜곡은 병적으로 진행되기도 한다.

고립은 타인과의 접촉을 두려워하거나 싫어하여 본인의 내적인 세계에 머물며 현실을 피하는 상태를 말한다.

백일몽은 현실적으로 이룰 수 없는 충동이나 욕구, 상황, 소원에 대한 상상의 세계를 만들어 만족감을 느끼는 것이다.

미성숙한 방어기제로 동일시(identification), 퇴행(regression), 회피(evasion), 행동화(acting out), 수동공격(passive-aggressive behavior), 신체화(somatization) 등이 있다.

동일시는 타인의 행동, 심리 특성을 본인의 특성처럼 받아들여 스스로의 충동이나 불안을 극복하려는 것으로 의존적이며 수동적이다. 타인의 행동, 모습, 꾸임, 말투를 모방한다.

퇴행은 만족을 주었던 과거로 돌아가 행동하는 것으로 발달의 단계를 거슬러 후퇴하여 미숙한 행동과 반응을 나타내어 불안과 위협을 대처한다.

회피는 억제와 유사하지만, 본인이 스스로 결정하여 인내심으로 견디는 것이 아니라 소극적으로 대처하여 피하는 것이다. 갈등과 직면하지 않아 불안이 줄어들 수 있으나 자신감 상실이 내재하게 된다.

행동화는 상황에 즉각적인 행동으로 반응하여 본인의 감정을 충족하는 것이다. 이후에 일들에 대한 생각이나 결과를 고려하지 않는 것으로 충동적인 수준에서 일어나는 스트레스 처리이다.

수동공격은 부정적인 감정을 직접 나타내지 않고 간접적으로 표현함으로써 해소하는 것을 말한다. 실수하거나 꾸물거리기를 하고, 대답하지 않는 행동이지만, 수동공격성이 높아지면 일부러 일을 망치거나, 재촉할수록 더 꾸물거리는 등의 안 좋은 행동을 한다.

신체화는 심리적인 갈등이나 불안이 신체적 증상으로 전환되어 신체 반응을 보이는 것으로 시험 기간에 배가 아파져 오는 것을 예로 들 수 있다. 심하면 틱으로 나타나기도 한다.

신경증적 방어기제로 통제(controlling), 저항(resistance), 억압(repression), 허세(show-off), 합리화(rationalization), 해리(dissociation), 지식화(intellectualization), 반동형성(reaction formation) 등이 있다.

통제는 갈등의 상황에서 타인을 비롯하여 환경, 사건, 대상을 조정하고 이용하려는 과도한 시도를 하는 것을 말한다. 통제가 높을 경우 대인관계에서 주장, 간섭이 심하고 타인의 말을 무시한다.

저항은 괴롭고 불안하며, 심리적으로 눌린 기억과 감정이 의식으로 떠오르는 것을 거부하는 심리적 기제이다.

억압은 현실적으로 용인되지 않는 생각이나 충동, 욕구를 무의식의 영역에 묻어 버리는 것으로 의식적인 억제와 다르게 기억에서 지우는 것이다.

허세는 타인 앞에서 본인을 과시하는 행동이나 태도, 언행을 말하며 내면보다는 보이는 외면에 집중하는 것으로 잘 보이고 싶어 하는 타인 지향적이다.

합리화는 본인 스스로 허용되지 않는 자신의 행동에 적당한 이유를 만들어 내어 상황을 합리적으로 만들어 불안을 극복하는 것이다.

해리는 상황, 불안, 고통을 피하기 위해 본인의 자아를 다른 모습의 인격으로 바꾸는 일시적이고 극적인 현상을 말한다.

지식화는 위협이나 불안, 공포를 피하기 위해 감정을 일으키는 상황에 관하여 지적으로 분석함으로써 스트레스를 털어내는 것으로 충동을 느끼는 대신에 사고하는 것을 말한다.

반동형성은 사회적으로 수치스러운 욕구나 허용되지 않는 감정이 겉으로 나타나지 않도록 반대의 행동을 보인다.

성숙 된 방어기제로 예견(anticipation), 승화(sublimation), 이타주의(altruism), 유머(humor), 억제(suppression)가 있다.

예견은 다가올 미래의 일에 대한 의식적인 준비로 상황, 타인, 결과를 예측하려는 노력이며 이를 통해 현실에 대한 계획을 세우는 것으로 예견의 방어기제가 높을수록 일 처리에 능숙하며 실수에 유연하게 대처할 수 있다. 그러나 심하면 강박증이 된다.

승화는 가치 있는 일을 추구하면서 자신의 상황, 억압, 충동, 욕구를 만족시키는 것이다. 어려움의 고통을 이겨내고 사회적으로 성공에 닿는 일이나 작품을 완성하는 등의 결과를 위한 끊임없는 노력으로 해내는 것을 말한다.

이타주의는 타인을 위해 헌신하는 마음, 행동을 말하며 희생적이고 모범적인 동기에 의해서 높게 나타날 수 있다.

유머는 갈등이나 불안한 상황에서 스트레스 요인의 유쾌하고 역설적인 면을 이야기함으로써 감정을 견디는 힘을 얻는다.

억제는 어려운 상황, 해로운 욕구, 괴롭히는 문제, 불안한 감정 또는 경험에 대하여 의식적으로 조절함으로써 감정의 갈등과 스트레스를 처리한다.

지그문트 프로이트는 정신병리에서 방어기제를 논의하였지만, 안나 프로이트는 아동이 마주하는 스트레스를 해소하는 방법으로 나타나는 현상으로 방어기제를 논의하였다. 현대사회에서 방어기제는 그 정도 차이에 따라 정신병리로 분류할 수도 있지만, 성인이나 아동을 통한 전 연령에서 나타난다고 본다. 그동안 크고 작은 미술심리 상담을 진행하고, 소규모 강연을 통한 수업에서 성인들을 대상으로 방어기제를 논의할 때 다들 자신의 방어기제를 스스로 알고 이야기하였다. 이것은 성숙의 수준으로 방어기제를 나누어 정의하였지만, 개인은 성숙과는 상관없이 의식적으로 자신이 사용하는 방어기제의 패턴을 인식하고 있다는 것이다. 이것은 성격과도 연결될 수 있으며, 말하고 싶지 않은 방어기제도 있고, 그림에 나타나는 방어기제도 있었다.

개인에 따라 나타나는 방어기제는 다르지만, 보편적으로 두세 개 정도 가지고 있었다. 'II. 직장인 미술이야기'에서 그림을 그리면서 고백했던 방어기제와 개인의 삶을 연결해서 기술하고자 한다.

2) Carl Gustav Jung의 분석심리학과 미술치료

Jung은 집단무의식 개념을 중심으로 분석심리학[37] [38]을 만들었다. 무의식에 의한 타고난 행동의 인과론과 목적의식을 가지고 행동하는 목적론, 두 개의 긴장과 갈등의 양극을 통합시킴으로써 자기실현(self-actualization)을 이룬다. 자기실현을 '개성화(individuation)'의 과정으로도 이야기한다. 진

37) Carl Gustav Jung (2014) Analytical Psychology : Its Theory and Practice (The Tavistock Lectures). Routledge. (Thes lectures were delivered in English in 1935 and were first published in Great Britain in 1968. First published in paperback by Routledge 1976)

38) Carl Gustav Jung (1966) Two Essays on Analytical Psychology. Routledge. (First published in Great Britain in 1953 by Routledge & Kegan Paul, Ltd.)

정한 자신을 찾아가는 여정에서 Jung은 심상을 이미지로 표현하는 것
에 대하여 많은 이론을 남겼고 이것은 미술치료의 토대가 되는 이론으
로 받아들여지고 있다.

외향과 내향의 성격 중에 우등한 성향이 있으며 반대로 열등한 성
향이 있다. 이러한 열등한 성향의 집합체가 콤플렉스(complex)이며, 중
요시한 까닭은 개인의 콤플렉스가 의식으로 떠오르는 과정에서 언어
보다 먼저, 심상을 통해 드러나는 이미지가 있다. 무의식의 세계를 자
율적 콤플렉스의 활성화로 상징화하는 것이다. 상징화된 이미지, 그림
은 열등한 집합체 콤플렉스의 해소를 가져올 수 있다. Jung은 개성화
과정이 '자기'로 나아가는 자기실현의 과정으로 설명한다. 그 과정은
자기와 페르소나의 구별, 그림자의 인식, 아니마, 아니무스의 의식화
등으로서 무의식을 마주하는 것과 같다. 심상의 이미지를 그려냄으로
써 마주하게 된다.

페르소나(persona)의 그리스 어원은 '가면'이다. 본인의 실제 내면과
달리 보이는 '외적 인격'으로 연극배우들이 쓰던 가면을 말하지만, 점
차 인생이라는 무대 위에 살아가는 개인(person)을 뜻하는 말이 되었다.
누구나 삶을 살아가면서 자신이 원하지 않는 모습으로 대처할 때가 있
으며, 필요에 의해서 다른 모습을 만들어 낼 수도 있다. Jung은 이러한
사회적 가면을 설명하면서 실제 자기(self)와 무의식적으로 나타난 페
르소나의 행동에 나타난 자아(ego)에 대한 구별을 확실히 인식함으로

써 참 자기(self)를 아는 것을 강조하였다.

그림자는 물리적으로는 없어서는 안 되지만 정신적으로는 형체가 없으므로 찾아내야 하는 과정이 필요하다. 자신을 비추어 어두운 면인 그림자는 깊은 통찰(insight)을 통하여 인식할 수 있다. Jung은 만다라를 통하여 통찰을 이룬다. 만다라는 원이라는 형태에 자신을 투영하여 그리거나 채색하거나 꾸미는 행위로 하나의 상징이 되며, 만다라를 바라보는 명상으로 어느새 무의식으로 빠지게 된다. Jung은 오랫동안 이러한 명상으로 개성화를 이루기 위해 노력한다.

아니마, 아니무스는 두 개의 용어를 하나로 보아 '마음의 영혼'이란 뜻을 말한다. Jung의 집단무의식에 존재하는 사람들의 심혼(心魂)으로서, 아니마는 남성 속에 있는 여성적인 성향을 말하며, 아니무스 여성 속에 있는 남성적인 성향을 말한다. 이 둘은 따로 분리될 때 보다 합쳐질 때 완전한 힘을 발휘한다. 자신 안에 있는 두 가지 성향을 찾아내어 잘 응집될 때 온전한 힘을 발휘할 수 있는 의미를 가진다. 아니마, 아니무스를 의식화하는 그림을 그림으로써 상징으로 나타내어 마주하게 되는 무의식 이미지 상징화 작업은 미술심리를 이해하는 데 도움을 얻을 수 있다.

3) Alfred Adler의 열등감(inferiority)

현대사회의 자율성 극대화는 창조, 혁신, 창업, 리더 등으로 새롭고 진취적인 행보를 지지하고 있으나, 그 안에 들어있는 책임감, 두려움, 노력은 개인의 몫으로 남는다. 겉으로 보이는 화려한 삶과는 달리 내면에는 긴장과 공포, 불안과 박탈감으로 시달리고 있다. 타인과의 비교로 본인의 무력함을 자각할 때 열등감(inferiority)이 생겨나고 이를 극복하려는 개인의 노력 및 대책을 심리학적으로 풀어가는 개인심리학이 Adler의 이론[39]이다. 사회적 관계와 개인이 속한 환경의 영향, 공동체를 중요하게 생각하게 되는데 이것은 사회 안에서 느끼는 개인의 열등감과 우월감을 인간 발달의 중요한 핵심으로 보았기 때문이다.

또, Adler는 열등감을 자신의 부족함을 바로 아는 긴장을 통하여 우월감을 향해 나아가려는 것으로서 보조적 운동이라 하였다. 열등감에 빠진 이들의 극복 방법은 공동체 삶의 바탕인 협동과 사회석 관심을 회복하려는데 있으며 경쟁우위의 소모적인 인간관계를 벗어나 타인에게 관심을 갖는 것에서 출발한다. 열등감에 대한 보상으로 우월에 대한 추구와 사회직 관심에 의한 조절을 통한 생활양식(style of life)으로 창조적인 자아를 만들어 자아실현(self actualization)으로 나아가는 것이 Adler의 동인이론의 기본이다.

Adler가 제시한 열등감의 세 가지 근원은 첫째는 기관 손상 및 기

39) Alfred Adler (1927) Individual Psychology. The Journal of Abnormal and Social Psychology.

능적 장애를 일으키는 신체결함인 '기관성 열등(organ inferiority)'이며, 둘째는 과잉보호 양육으로 '응석받이(spoiling)' 어린아이로서 모든 일의 해결을 타인에 의존하며 사회적 어려움에 적응적 결여로 나타나는 열등감이다. 셋째는 부모의 '무시(neglect)'로 일차적 관계에서 오는 결핍이 인간관계를 맺는 능력에 부정적인 영향을 미쳐 열등감을 키워나가게 한다. Adler는 열등감의 보상으로 생활양식을 제시하였는데, 이것은 유아기 손상된 감정으로부터 벗어나는 방법으로서 공동체 지향의 특성을 갖도록 하는 것이다. 개인보다 전체를 생각하고 타인에 대한 관심과 공감을 갖는 사회적 관심이 높은 사람일수록 정신적으로 건강하며, 사회에 기여가 낮은 사람일수록 부적응하다고 보았다.

고흐는 자화상 그림을 매우 많이 그렸다. 가난한 화가로서 그림을 그릴 수 있는 모델이 없었던 이유도 있지만, 자신을 반복적으로 그려내면서 열등감을 극복했다고 볼 수 있다. 고흐의 태생을 살펴보면 네덜란드 내륙지방의 작고 조용한 시골 마을에서 태어났다. 반 고흐가 태어나기 1년 전, 같은 날짜에 형이 태어났으나 얼마 되지 않아 사망하였다. 3월 30일 같은 날에 태어난 우연을 강하게 받아들였는지 둘째 아들에게 부모는 죽은 큰아들의 이름 '빈센트 반 고흐'를 그대로 붙여주었으며, 이 우연한 사실이 고흐에게는 평생 불운으로 가는 시작이었는지도 모른다. 고흐의 열등감은 보지도 못한 형의 죽음을 대처한 자신이라는 태생에서부터 왔다. 부모는 고흐의 개인에 대한 이해보다 가족 안에서 슬픔에 대한 보상으로 대처하였으며, 그것은 소통의 부재와 상실로 이어졌으며 무거운 책임으로 남았다. 이것은 개인에 대한 부모의 '무시'로서 고흐는 진정한 자신으로 살아가기 힘들었고, 든든한 장남의 역할을 다 해야 하는 타인에 의한 자아를 형성하게 된다. 자화상을 반복적으로 그리며 자신의 존재를 확인하는 화가의 그림에서 우리는 열등감을 읽을 수 있다.

이렇게 미술적 표현 행위는 사회적으로 숨어버린 자아 속의 열등감을 꺼내는 과정이 되고, 창조적인 자아를 찾아가는 충실한 개인의 모습을 보여주고 있다. 그러나 결국 자아실현은 죽음 이후에 이루어졌으니 안타까움으로 해석된다. 우리가 고흐의 그림, 그 노력, 그 절박함을 들여다보면서 공감하는 것은 어쩌면 현실에서 열등감을 해소하고 싶은 인간 개인의 대리만족인지도 모른다.

3. 직장인 스트레스

1) 원인

세계에서 야근이 제일 많은 나라, 회식이 근무의 연장인 나라, 동료보다 30분 일찍 출근해야만 하고, 더 늦게 퇴근해야만 하는 나라, 일에 있어서 나를 따라올 사람이 없다는 각오를 타인에게 보여주려는 듯 무한 경쟁인 나라가 있다. 말하지 않아도 우리는 안다. 우리의 이야기라는 것을 말이다.

우리나라는 2018년에 법정 근로 시간을 68시간에서 52시간으로 단축하는 근로기준법 개정안을 5년 만에 합의하였다. 많은 보도에서 이 개정을 설명하면서 경제협력개발기구인 OECD 회원국 중에서 평균 노동시간이 가장 많음을 강조하였다. 1인당 연간 근무시간 평균인

1768시간과 비교할 때 305시간이나 더 일하는 나라였다. 개선을 위해 휴일을 포함한 1주일 12시간 초과 근로를 금지하게 되었고, 그 결과 연장근로 12시간을 포함하는 주 52시간 근무, 평일 40시간 근무, 1일 8시간 근무를 기준으로 하는 근로기준법이 적용되고 있다. 그 이전에 우리는 주 68시간으로 기존 52시간에 주말 16시간을 추가로 일해도 법적으로 문제가 되지 않았다.

근무의 연장은 사무실에서 일하는 기준이다. 그러면, 우리는 업무가 끝난 뒤 회식이나 업무별로 식사를 하고 술을 마시는 자리를 갖는 경우도 많다. 심리적으로 이런 자리는 사무실 근무의 연장이 된다. 일과 관련된 공적인 논의는 업무에서 다루지만, 업무를 진행하는 사람에 대한 이야기는 이런 사적인 자리에서 다루어지기 때문이다. 상사가 왜 기분이 안 좋은지, 어떤 상사가 어떤 루트로 직원과 친한지, 영향력 있는 상사와 함께 일하고 어필하기 위해서 나의 처세 및 행동의 선택은 오로지 나에게 있기 때문이다. 술을 함께 자주 마시거나, 시간을 같이 보내는 모든 것은 정보를 얻기 위한 일의 연장인 것이다.

2016년 대한민국 국가통계 포털에서 현재 직장에서 경험하는 직무 스트레스의 정도를 설문하였다. 커다란 편차가 없이 거의 모든 설문 답변에서 비등한 비율을 보였으나 가장 많은 선택의 답변이 "업무량 과다"였다.

a) 업무량 과다   3.3%

b1) 직장 내 승진 가능성이 낮음   3.0%

b2) 성과 중심의 경쟁이 심함   3.0%

c1) 과도한 업무시간   2.9%

c2) 노력과 성과에 비하여 낮은 임금수준   2.9%

d) 직무에 대한 자율성이 없음   2.7%

e) 나의 역량에 맞지 않는 업무수행   2.6%

f) 직무에 대한 본인의 선호도가 낮음   2.5%

g) 상사와의 관계에 어려움이 있음   2.4%

h) 근무환경이 열악함   2.3%

i) 동료 및 부하직원과의 관계에 어려움이 있음 2.2%

스트레스는 두 가지 측면으로 분류될 수 있는데 하나는 업무량, 업무시간의 과다, 업무에 대한 개인의 역량 및 환경의 열악함, 낮은 임금수준 등 환경에서 오는 신체적 정신적 피로이다. 다른 하나는 경쟁, 자율성 박탈 및 타인에 의한 강제적 임무 수행, 상사와의 관계, 동료 및 부하직원과의 관계로서 사람과의 관계에서 오는 사회적 피로로 볼 수 있다. 중요한 것은 후자인 대인관계이다. 2019년 대한민국 국가통계 포털에서 찾아본 정신과 전문의 판단에 따른 자살 기도의 원인으로 "정신과적 증상 문제"가 61%로 가장 많았지만, 두 번째로 많은 항목은

"대인관계 문제"로 24%를 나타냈다. 인간의 감정 중에서 죽음을 택하도록 몰아가는 감정을 유발하는 요인으로 질병을 제외하고 가장 많이 나타나는 것으로 타인과의 관계 문제가 되는 것이다. 이후의 원인은 금전손실, 신체질병, 외로움과 고독, 직장, 만성빈곤, 폭행, 학업 등의 순서로 자살 기도의 원인이 되는데 이들을 다 합쳐도 15%로 대인관계 문제보다 적다. 심리적으로 가장 취약하고, 가장 영향을 많이 받는 부분으로 나와 타인이 함께 공존하는 것에 있다. 미술심리에서는 환경을 알아보는 그림검사와 관계를 알아보는 그림검사, 본인의 내면을 꺼내는 그림작업 등이 있다. 미술심리는 개인의 대인관계를 면밀히 분석하여 이해를 통한 점층적 개선에 도움을 얻을 수 있다.

2) 상사

이해관계가 복잡한 대상 중에 가장 어려운 사람은 상사가 아닐까 한다. 리더로서 팀, 회사 전체를 끌고 가야 하는 본인도 책임이 무겁지만, 직위가 다른 만큼 편하게 대화하기 어려운 존재는 분명하다. 상사와의 관계 악화로 스트레스에 시달리는 직장인들을 위하여, 상사는 자신이 좋은 리더가 되기 위하여 자부하는 마음이 어떤 형태인지, 나로 인하여 어려운 환경을 만들어 가는 것은 아닌지, 돌아보기 위한 시간으로 Harvard Business Review의 글을 소개해 보고자 한다.

[40] Manfred F. R. Kets de Vries (2014) Coaching the Toxic Leader. Harvard Business Review. (From the April 2014 ISSUE).

[40]Manfred F. R. Kets de Vries가 2014년 (April ISSUE) 기고한 글로서, 제목은 Coaching the Toxic Leader로서 독이 되는 리더 코칭이다. 간단히 정리하면 다음과 같다.

상급 경영자들은 회사에 많은 영향을 미치는데 그들이 가진 권력을 사용할 때 경영진의 정신건강이 중요한 요인이 된다. 건전하고 안정적인 상사는 직원을 위한 규칙과 환경을 조성하여 일을 잘하는 데 중점을 두지만, 심리적 구조가 비틀어진 상사라면 사업계획, 상호작용, 아이디어 및 조직의 체계와 구조도 상사의 병리가 반영된다.

대부분 상사가 정신적 문제가 있는 것은 아니다. 그러나 많은 고위 간부들이 인격 장애를 가지고 있다. 감정적으로 건강한 임원들조차도 비슷한 특징을 마주하게 되는데, 이것은 회사에서 장애적인 행동을 지지하고 심지어 격려하는 환경을 주기도 한다. 이러한 사정으로 관리되기는 하지만 변화하기 힘들다는 것이 Manfred 교수의 주장이다. 다행히 상사(리더)들은 문제해결을 위한 강인한 성향을 가지고 있으므로 독이 되는 리더가 아닌지 살펴보고 스스로 성찰하여 좋은 성향으로 승화하기를 바란다. Manfred 교수는 Harvard Business Review의 나르시시즘, 조울증, 수동공격성, 감정표현불능증 4가지와 함께 사이코패스, 강박증을 같이 다루어보고자 한다.

나르시시즘 (Narcissism)

상사에게서 자주 발견되는 장애는 병적인 나르시시즘이다. 일반적으로 모든 사람이 자기애적인 성격을 어느 정도 가지고 있는 것은 사실이고 적절한 삶을 위하여 약간의 나르시시즘이 필요하다. 이것은 마치 하나의 면역체계로서 삶의 변천에 따라 방어를 돕고 자신에 대해 좋게 느끼며 자신감을 준다. 그러나 너무 많은 나르시시즘은 자신에 대한 과장된 환상을 품게 하여 이기적이고 사려 깊지 못하며 지나친 관심을 요구하게 된다. 병리학적 나르시시스트들은 어떤 대가를 치르더라도 힘과 명성을 추구하고 스스로 자격이 있다고 여긴다. 나르시시즘은 신화에서 나오는 이야기로 매우 아름다운 청년 나르시스 (Narcissus)가 여러 요정들에게 구애를 받지만 정작 그는 아무도 사랑하지 않는다. 그에게 실연당한 숲의 님페 에코는 식음을 전폐하고 목소리만 남게 되었다. 나르시스는 결국 복수의 여신인 네메시스로부터 자기 자신과 사랑에 빠지는 벌을 받게 된다. 양을 치던 목동 나르시스는 어느 날 호수에 비친 자신의 모습에 반하여 그를 잡으려다 호수에 빠져서 죽은 이야기에서 그 어원을 찾는다.

나르시시즘 상사를 설명할 때 우리나라에서는 갑질이라는 단어를 먼저 떠올린다. 갑질이란 차례나 등급을 매길 때 첫째를 갑(甲)으로 두 번째를 을(乙)로 이르며, 명사 뒤에 붙여 안 좋은 행동을 비하하는 뜻을 주는 접미사가 합쳐져서 상호 간에 우위에 있는 사람의 나쁜 행위를 비하하는 말이다. '라면 상무' 사건, '00유0' 대리점 사건, '항공기 회항' 사건 등 크고 작은 사건들이 있었다. 양00 한국미래기술 회장의 병적인 사건들이 가장 놀라운 내용이었는데, 직원들을 도청하고, 40대 남자 직원의 머리를 빨강과 초록 또는 '순대간' 색으로 염색을 지시했으며, 워크샵에서 살아있는 닭을 직원에게 칼로 죽이도록 시켰으며 개조한 장난감 총으로 직원을 쏘는 행동까지 보였다. 양회장은 정보통신망법 및 성폭력처벌법 위반, 상습폭행, 강요 등의 여러 혐의로 구속되어 수사를 받고 있다.

외국에서도 이러한 사례가 나타나고 있는데 자신의 존재 가치를 위해서 회사에서 많은 지원금을 사용하도록 한 미델호프도 대표적인 나르시시즘이다. 헬기로 출퇴근하고 전용기로 출장을 다녔으며, 회삿돈을 자기애 만족을 위하여 무한대로 사용했던 그는 회삿돈 유용죄로 징역 3년 형을 선고받았고 회사는 파산했다. 이러한 사례들은 그 정도가 지나치고, 대부분 겉으로 드러나는 화를 참지 못하는 부분과도 연관이 있으며 지나친 자신의 존재감으로 어떠한 대가를 치르더라도 힘과 명성을 추구하는 병적인 상태를 보인다. 그러나 회사에서 구체적인 사례를 남기지 않아도 자아도취에 빠진 상사를 만날 수 있다.

나르시시즘에 빠진 상사를 알아보는 좋은 방법은 부하들이 그에게 어떻게 반응하는지 살펴보는 것이다. 부하직원은 상사를 좋아하지 않으며 일부는 다른 부서로 이적했고, 일부는 지속적으로 상사의 품위 유지비 사용과 왕 대접에 대해 불만을 토로한다.

많은 자아도취자들은 벽화와 같다. 키도 크고, 늘씬함을 유지하며, 옷을 잘 차려입고, 낯선 이에게 친절했으며 심지어 유혹적인 태도를 보인다. 그러나 친해질수록 내면을 만날수록 다른 모습을 발견하게 되고 실망해간다. 이들은 자신을 반대하는 사람은 누구든 표적이 될 것이며 팀에서 독립적인 뛰어난 사람들을 제거하기도 한다. 이런 패턴을 보이는 사람은 체면 때문이라도 높은 학력과 뛰어난 퍼포먼스(업무 성과)에 대단한 중점을 두어 포장을 위한 과한 성취를 이룬 이도 있다. 중요한 것은 나에 대한 사랑이 어느 정도인지 타인과의 관계를 해치고 과도한 욕심으로 변질되지 않는지 성찰하는 것이다.

우울증, 정신질환과 조울증 (bipolar disorder)

Manfred F. R. Kets de Vries는 많은 사람들이 크고 작은 우울증을 앓고 있다는 이유로 상사의 문제에서 우울증을 크게 다루지 않는다. 우울은 인간 상태의 일부분으로 적당히 있으면 특별한 개입이 필요하지 않다. 심각하다면 다른 정신질환들이 약물과 치료에 전념하듯 해결 제시 방법은 있다. 다만, 급하고 만성적이며 감정의 기복이 심한 조울증의 경우에는 이야기가 다르다. 조울증(bipolar disorder)리더는 정서가 불안정하여 동료를 혼란에 빠트리는 유형이다. 기분 조절에 문제가 생기는 양극성 장애로서 기분이 아주 좋은 조증 상태와 기분이 저하되는 우울 상태가 번갈아 나타나고 이것은 일에 대한 불안을 조성하여 동료를 혼란에 빠뜨리게 된다. A라는 리더는 자신감에 차올라 예산이 많이 들어가는 Project를 밀어붙인다. 팀원들도 모두 리더의 강한 말들을 믿고 업무시간을 더 내어 Project 제안서를 준비하게 된다. 제안서 마감은 시시각각 다가오고 모두 힘을 모아 리더를 따라가게 된다. 그중에 비평을 좋아하는 충실한 직원 B군이 준비하던 일의 검토에 크고 작은 오류를 발견하게 된다. 물론 준비 여하에 따라서 극복할 수 있는 정도이기는 하지만, 그 대비를 잘 갖추기 위하여 회의 도중에 심각한 비평을 하게 되고 모두 토론을 하게 된다. 평소 리더의 적극성과 추진력, 즐거운 기분으로 보아 충분히 대처방안을 제시할 수 있는 경우인데도 리더는 침울해졌고, 불안해했다. 시간이 다가올수록 더욱 증가한 불안을 볼 수 있었으며, 자신감도 없어 보였다. 팀은 흔들거리기 시작했고, Project를 괜히 시작했다는 것에서부터 분열이 오기 시작했다. 팀원들은 더이상 좋은 아이디어를 내지 못한 채로 결과를 받았다. 일은 많고 성과에 대한 데미지는 팀원들이 떠안게 되었다. 리더의 기분에 따라 팀원들의 사기, 일에 대한 흥미, 그에 대한 성과 결과는 크게 흔들리게 된다. Mafred F. R. Kets de Vries는 조울증이 환경적 요인보다는 뇌 손상에서 오는 유전적 영향이 큰 질환이라 설명한다. 이러한 성향을 가진 사람은 알콜 중독, 약물중독, 성적 중독에 빠질 가능성이 크고 방탕한 생활로 재정적 어려움을 겪게 된다고 한다. 현실적으로 진단은 물론 치료를 받도록 권하고 있다. 나르시시즘에 빠진 리더와 달리 조울증을 가진 리더는 어느 정도의 자신의 증상을 자각하고 있다. 불안할 때 안정감을 얻기 위해 자신에게 손해가 되는 행동을 스스로 보이기도 한다. 주변의 사람들, 가족과 동료들은 그들이 자각한 증상이 조울증이라는 것을 깨닫게 하는 것이 중요하다. 적극적인 치료를 받을 수 있는 의지력을 키워줄 수 있기 때문이다.

수동공격적인 성격 (Passive-aggressive personality disorder)

수동공격은 방어기제의 한 유형이기도 하다. 그들은 권위 있는 인물에 대한 적대감을 가지고 있지만, 감정표현을 하기보다는 숨기는 편이다. 이런 마음은 더딘 일 처리, 잦은 변명 등에서 나타난다. 수동공격적인 성격을 가진 이의 특징은 자신의 소망을 직접 말하지 않고 간접적으로 의견을 전달한다. 일을 처리하며 꾸물거리는데 일부러 그러는 경우가 많고, 자신이 부당한 대우를 받는 하소연이 잦은데 실제로 이런 일에 대한 대처는 잘 하지 못한다. 무의식적으로 그 관계를 유지하면서 피해자 역할을 계속하는데 타인이 가해자가 되도록 조정하는 것처럼 보이기도 한다. 수동공격자들은 낮은 자존감을 가지고 있으며, 우울, 불면, 약물사용, 알콜 문제 등이 일반인에 비해 2배가량 높게 나타났다. 과거 권위 있는 아버지와 맞서는 것을 매우 두려워한 어린 시절을 보낸 원가족 문제가 이러한 성향을 키우기도 한다. 권위 있는 인물을 대하는 방법에 대해 미성숙한 것이다. 이러한 문제를 가진 리더는 마음에 들지 않는 부하에게도 비슷하게 대처할 가능성이 크다. 문제를 회피하고 눌러두어 눈에 띄지 않을 다른 형태로 돌려서 피로하게 만드는 것이다. 상사가 업무상의 일에 관하여 직접적인 피드백을 주지 않고 알아들을 수 없는 형태로 말을 하거나, 다른 방향으로 갈 수 있는 지시를 한다면 부하직원은 일을 많이 해놓은 상태에서 오류를 발견할 수 있고, 골탕을 먹었다는 생각에 힘이 들 수도 있으며, 업무상 능력을 인정받지 못하여 괴로움에 빠질 수 있다. 크게 드러나지 않지만, 회사 전체에는 큰 손실을 주게 된다. 이러한 문제를 소지한 리더는 자신의 행동을 읽어주고 직시할 수 있는 코치를 만나는 것이 좋다. 변명과 회피를 일관하는 태도에서 벗어날 수 있도록 도움을 받을 수 있다.

감정표현 불능증 (Alexithymia)

매우 카리스마적인 리더로 어떠한 감정적 영향도 받지 않는 사람들이 종종 있다. '냉혈한'이라고 비유되기도 한다. 전형적으로 그들은 안전한 행동, 적절한 대화, 예측 가능성, 상대적으로 눈에 띄지 않는 행동이 더 바람직한 관료적인 조직에서 안전하다. 그러나 병리학에서는 지나친 감정보다는 감정 부족이 어려움을 야기한다고 본다.

Alexithymia는 그리스어에 유래되었다. 영어의 'word'라는 뜻의 'lexi'와 'soul'이라는 뜻의 'thym'은 영혼으로 이루어진 단어이다. 여기에 부정을 나타내는 영어의 'a'가 붙어서 '영혼을 표현하는 단어가 없음'이라는 의미가 된다. 이들은 상상력이 거의 없고, 감정을 묘사하거나 인식할 수도 없다. 이러한 무능은 복잡한 인간의 감정적 신호를 해석하는 것이 어려우며 위험하고 통제할 수 없는 힘으로 나아간다. 이들은 예측하는 힘이 약하여 대처에 어려움을 겪으며 부하직원에게 적절한 피드백을 하지 못한다. 정서적 부재는 조직문화에도 부정적으로 작용하여 창의성과 혁신을 이루기 어렵다. 이들의 대처방식은 중요한 문제에 대한 대답도 언제나 기계적인 방식으로 친구나 가족에 대한 이야기도 친밀하지 않음이 드러난다. 환상의 삶이나 상상에 대해서도 감정적인 기억력에 손상을 입은 사람처럼 말한다. 스트레스에 대한 답변 역시 두통이나 근육 긴장을 호소하지만 이에 따른 감정을 언급하지는 못한다. 감정의 분화는 성인들 또한 어려움을 느끼고 있다는 사실이다. 이것은 어릴 때 주 양육자와의 상호작용 속에서 하나하나 표현을 터득해 가는 것이기 때문에 어릴 때 이러한 발달이 이루어지지 못하면 성인이 되어서도 자신의 감정을 느끼거나 표현할 수 없게 된다. 마치 감정을 못 느끼는 사람처럼 보인다. 그러나 이들이 문제에 당면했을 때 당혹감을 느끼지만, 이것을 표현하지 못하는 것은 병리적인 현상으로 심리적 해결의 도움이 필요하다. 이들에게 직장에서 어려운 만남을 묘사하도록 도움을 주고 어떤 경험인지 이야기를 하게 함으로써 덜 기계적이며 사건과 감정을 연결할 수 있게 된다. 다른 사람들과 감정을 공유하는 것이 감정을 살아나게 하는 데 도움이 되는 것이다.

사이코패스 (Psychopath)

조직에 해를 끼치는 리더의 유형 중에 동료의 성과를 빼앗고, 어떠한 대가를 치르더라도 타인을 이기려 하는 '반사회적 인격 장애'로 알려진 사이코패스를 가진 사람이 있다. Manfred F. R. Kets de Vriess는 이들이 조직에 헌신하고 비즈니스 감각이 좋아 높은 자리에 올라가는 경우가 많다고 했으며, 옥스퍼드대 심리학자 케빈 더튼의 연구(2012)[41]에서도 사이코패스 성향이 가장 높은 직군은 최고경영자(CEO)라고 밝혔다. CEO 5명 중 1명은 사이코패스 성향이 있을 정도로 그 비율이 높다.

41) Kevin Dutton (2012) The Wisdom of Psychopaths. William Heinemann.

이 들이 조직에 해를 끼치는 것은 공감 능력의 결여, 자신의 성공을 위해서 무자비한 행동, 다만 타인에게 친절하고 정의로운 모습으로 자신을 무장하는 이중성 등을 이용하여 부하직원의 일을 가로채는 것이다. 이러한 행동을 하고도 자신이 어떠한 피해를 주는지 이해하지 못한다. 이들은 점차 조직에서 열심히 성과를 내는 직원을 사라지게 하며, 결국에는 조직을 무너뜨릴 수도 있다고 지적한다.

강박증 (Obsessive compulsive disorder)

강박증을 앓고 있는 리더는 본인의 관점에서 완벽함을 추구하기 때문에 주변의 피로도는 굉장하고, 이러한 집착이 조직에 커다란 해가 될 수 있다. Manfred F. R. Kets de Vries는 강박증에 빠진 리더는 '완벽주의'로 포장하는 경향이 있다며 다만, 자신의 관점을 점철시키는 것에 모든 조직원의 노력을 쏟아부을 뿐 타인의 의견을 무시하고 혁신을 파괴할 뿐이라고 강조한다.

3) 기타

세대차

Millennials 세대는 1980년대 초반 ~ 2000년대 초반에 출생한 세대를 말하며 미국 세대 전문가 Neil Howe와 William Strauss가 쓴 [Generations: The History of America's Future, 1584 to 2069][42]에서 처음 등장한 용어이다.

42) Neil Howe & William Strauss (1992) Generations: The History of America's Future, 1584 to 2069. Quill (Original work published 1992)

이들은 뚜렷한 몇 가지 특성을 보이는데 IT에 친숙하다 하여 "디그 세대"라고 하며, 타임즈는 자기 위주로 생각하는 특성을 가리켜서 "me generation"이라고 했다. 한편, 퓨리서치센터(Pew Research Center)에서 10여 년간의 연구 끝에 1981년에서 1996년에 태어난 사람들을 밀레니얼 세대라고 발표했다. 밀레니얼 세대는 현재 전 세계의 경제를 이끌어가고 있는 노동인구, 구매인구의 중요한 세대로서 세계인구의 4분의 1에 달한다. 이들은 인터넷을 통해 빠르게 정보를 얻고 퍼트리면서 소비에 영향을 미치고 있으며, 성폭력을 당했다고 고발하는 #MeToo 운동이나 총기규제를 촉구하는 #MeNext 시위처럼 SNS를 통하여 빠르게 정치, 경제, 사회, 문화에 영향을 미치고 있다. 이들은 회식을 일의 연장이라고 생각하지 않으며 개인의 발전을 위하여 휴식을 취하거나, 공부하는 등 개인의 사적인 생활을 강조한다. 또한, 국내외적으로 금융위기 이후에 사회생활을 시작한 이들로, 이들이 학창시절일 때 IMF를 겪었기에 경제적 관념이 철저하고 꼼꼼히 따져보는 경제활동을 주도한다. 물질적으로 궁핍하여 결혼을 포기하거나 집, 자동차 등과 같이 목돈이 드는 것의 구매는 선호하지 않으나 백 만원 하는 토스터기를 구입하는 등의 작은 것에 큰돈을 주고 사는 만족감을 누리기도 한다. 이들을 대상으로 하는 도서가 나오거나 이들과의 세대 차이를 이해하고 판매 전략을 짜는 새로운 강의 형태가 등장하는 등 밀레니얼 세대에 대한 관심과 이해를 촉구하는 시도들이 등장하고 있다. 이것은 기존 세대와 새로운 세대의 갈등이 있다는 반증이기도 하며, 직장에서 주로 상사로 활동하는 기성세대가 일 해왔던 방식과 전혀 다른 밀레니얼 세대와의 업무 증진을 위한 크고 작은 시도가 서로에게 스트레스로 다가올 수 있음을 말한다.

조직문화

박성옥 간호사에 대한 이야기를 아는 사람들이 일부 있을 것이다.[43] 간호사들 간의 '태움' 문화로 버티지 못하고 죽음을 선택한 간호

43) MBC PD 수첩 2018년 3월 20일 방영 1147회 [괴롭히는 직장, 죽어가는 직장인]

사이다. 영혼이 재가 될 때까지 태운다는 의미의 '태움'은 교육을 빙자하여 직장 내 괴롭힘을 가하는 것이다. 서울의 대형병원에서 새내기 간호사가 스스로 목숨을 끊은 사건이 지난해 말과 올해에 연이어 일어나는 것을 보면 '태움'은 사라지지 않는 문제로 남고 있다. 새로 들어온 신입 간호사에게 유달리 혹독하게 일을 시키고, 언어 폭행, 일감 몰아주기, 밥 먹을 시간도 없이 눈치를 주는 등의 다양한 형태로 나타난다고 한다. 이러한 직장의 문화는 몇십 년이 흘러도 계속되는 것일까? 죽음을 선택할 만큼 힘든 것임은 틀림없다. 유독 간호사들에게서 두드러진 이유를 업무의 과중함 때문이라고 한다. 오래된 베테랑도 힘든 밤샘 간호나 인력 부족으로 많은 환자를 돌봐야 하는 일들인데 새로운 신입이 적응하기까지 스트레스를 받는 것도 많다는 것이 현장의 이야기이다. 신입들은 주로 나이가 어리다. 어린 나이에 그것도 처음 겪는 직장에서 처음부터 혹독한 대우와 일을 하는 과정이 그들에게는 매우 버거울 것이다. 서로의 입장이 상반되고 직장 안에서 괴롭힘의 문화가 지속 되는 이 상황은 조직의 문제로 다루어야 할 것이다. 일에 대한 습득은 냉철할 수 있으나 언어나 속박에서는 조금 친절할 수 있을 것이며, 간호사

의 업무 경량에 따라 인원수 조절이 필요할 수도 있다. 문제가 있는 조직의 문화는 확실히 개선될 필요가 있다.

약자를 괴롭힘 (Bullying)

사회생활은 누구에게나 어려울 수 있으나, 잘 적응하여 즐거움을 찾는 이가 있다면, 부적응으로 고립되는 이가 있다. Bullying은 노르웨이 학교폭력 연구자 댄 올베우스(Dan Olweus)[44]로부터 처음 시작된 용어로 집단 내에서 한 명의 약자를 다수 또는 전체가 괴롭히거나 방관하면서 동조하는 것

44) Olweus, Dan (1978) Aggression in the schools : Bullies and whipping boys. Hemisphere.

으로 신체적 가학만이 아니라 심리적 외톨이 감정을 갖게 하는 소외 내지는 배척의 행동을 하는 것을 말한다. 우리나라는 괴롭힘이라는 행동을 가리켜 "왕따"라는 의미로 사용하기도 한다. 우리나라 국가인권위원회는 '직장 내 괴롭힘'의 조작적 정의를 타인과의 존엄성을 침해하거나 적대적, 위협적, 모욕적인 업무 환경을 조성하는 행위라 하였다.[45]

45) https://www.humanrights. go.kr/site/main/index001 국가인권위원회

유럽 심장 저널 (European Heart Journal)에 덴마크 코펜하겐대학교 연구팀이 직장인 7만 9천여 명을 조사한 결과 직장에서 왕따 및 폭력, 위협을 경험한 사람들의 심혈관질환 위험이 그렇지 않은 사람보다 59%(왕따), 25%(폭력, 위협) 더 높았다고 보고하였다. 12개월 동안 지속적인 왕따를 겪은 사람은 심혈관질환 위험이

120%까지 증가했다고 한다.

우리나라에서는 국가인권위원회가 2018년 2월에 1506명을 대상으로 직장 내 괴롭힘에 대한 조사를 보고하였다.[46] 전체 73.3%가 직장

46) 국가인권위원회 보도자료 2018-02-12 직장내 괴롭힘 실태조사 결과

안에서 괴롭힘 경험이 있으며, 이중 임원 및 경영진 포함한 상사가 전체 77.6%, 동료직원이 15.7%, 고객과 거래처가 10.1%라 보고했다. 우리나라의 경직된 '조직문화'에서 그 원인을 찾기도 하였는데, 상명하복을 강조하고 자율적이고 혁신적인 소통이 이루어지기보다는 윗선의 지시가 경영의 주축을 이루는 뿌리가 깊기 때문이다. 하버드 비즈니스 스쿨 Amy C. Edmondson 교수도 그의 저서[The Fearless Organization][47]에서 같

47) Amy C. Edmondson (2018) The Fearless Organization. wiley

은 이야기를 하고 있다. 심리적 안정감을 느끼는 직장, 나의 이야기를 잘 들어주는 상사와 동료가 있는 직장에서 생산성 있는 전략 및 혁신적 아이디어가 나온다는 것이다. 우리나라 정부의 보고에 의하면 직장 괴롭힘으로 인한 근무시간 손실비용은 연산 4조 7800억 원이라고 밝힌다. 구체적인 행위로 인식되는 직장 괴롭힘으로 국가인권회의 보고서에서 다음과 같이 나타났다.

1. 업무와 관련하여 나에게 사소한 일에 트집을 잡거나 시비를 걸었다. 53.1%

2. 나에게 주어진 권리를 요구할 수 없도록 암묵적, 직접적 압력을 가하거나 내 요구를 무시하였다. 52.2%

3. 나의 업무 능력이나 성과를 부당하게 낮게 평가하였다. 51.7%

4. 정당한 이유 없이 나를 의심하거나 나에게 누명을 씌웠다. 51.7%

5. 다른 사람이 보는 자리에서 나에게 공개적으로 망신을 주었다. 51.5%

6. 나에 대한 부정적인 소문을 퍼뜨렸다. 51.5%

이러한 이야기들은 단편적이 아니라 지속적이고 조직적이다. 특히 상사가 이러한 행동을 특정인에게 가하기 시작하면 조직원 전체로 퍼져나가 더욱 힘든 마음을 갖게 된다.

치웇 씨는 해외 유수 디자인 대학을 나왔고 감각이 좋은 홍보디자이너이다. 낡은 홍보를 벗어나 새롭고 혁신적인 아이디어가 몹시도 필요한 대기업 조직에 입사하여 환영과 예쁨을 받는다. 후한 대접을 받은 치웇 씨는 회사의 전폭적인 지원과 상사의 아낌없는 지지로 2년 동안 혁신적인 변혁을 일으키며 기업 이미지를 바꾸어 놓았다. 그러나, 변혁의 안정기를 맞으며 크게 아이디어가 필요하지 않은 시기가 다가오자 점점 상사는 치웇 씨로부터 멀어져갔고, 더 이상의 아낌은 없었다. 사실 승진을 기대하던 치웇 씨는 점점 자리에 대한 불안정을 느끼기 시작했다. 상사는 자신의 업무성과에 대해 사사건건 트집을 잡았으며, 상사의 행동이 크게 드러나자 동료들도 점차 차가워지는 것을 느졌다. 심리적으로 외로움을 타기 시작했으며, 자신이 더 이상 회사에 필요하지 않자 스스로 떠나라는 메시지를 수없이 받기 시작한 것으로 불안해지기 시작했다. 아이디어가 나와도 이제는 더 이상 필요 없다는 답변으로 묵인되기 시작했고, 이러한 행보는 말투, 복장, 태도를 헐뜯는 것까지 번져갔으며, 심지어 하지 않은 행동과 언행으로 번져 억울한 일까지 발생하게 되었다. 직장에서 약자가 되는 것은 매우 빠르게 진행되었다. 결국, 치웆 씨는 마음속에 커다란 상처를 안은 채 직장을 그만두게 되었다. 능력이 필요할 때는 안정적인 대우와 지원을 아끼지 않다가 능력을 필요치 만큼 얻었다고 느낄 때의 왕따와 괴롭힘의 시작은 직장의 양면성을 보여주는 것이다. 이러한 이중성이 개인의 정서와 감정에 악영향을 주는 사례로 직장의 문화는 반드시 인간의 존엄성이 경제의 논리보다 우선이 되어야 한다. 경영진의 바른 경영은 사회에 영향을 미친다는 것을 알아야 한다. 감정적 처리가 상사, 혹은 동료의 부정적인 과거 경험이나 옳지 않은 사고에서 오지 않도록 바른 리더의 통찰을 지속적으로 해야 한다.

또 다른 사례로 이옹 씨는 모든 일에 열정적인 직원이었다. 역할조직에서 스스로 일을 찾아서 하던 직원으로서 자신의 가치를 스스로 만들어 내었다. 이옹 씨가 역할조직에서 위계조직으로 직장을 이직한 이후에 자신은 다른 모습으로 살아가야 했다. 이옹 씨가 스스로 일을 찾아 남들보다 열심히 일하는 모습은 동료들에게는 밉상으로 비쳤다. 눈치가 빠른 이웅 씨는 자신의 행동을 바꾸어 직원들과 어울리기를 마다하지 않고 업무량을 줄였더니 차츰 조직 안에서 안정적으로 지낼 수 있었다. 뛰어난 노력이 때로는 조직문화에 따라서 필요하지 않음을 보여주는 사례이다. 그만큼 동료들 간의 관계는 직장 생활을 유지하는 데 큰 영향을 미친다. 그러나 회사의 발전을 위하여 동료의 일에 대한 인정은 바람직하게 이루어져야 한다.

지나친 경쟁

기분 좋은 경쟁력은 직장에서 성취감과 업무에 대한 애착을 풍성하게 해준다. 업무란 힘들고 어려우면서도 꼭 필요한 것이다. 업무가 없다면 직장인은 아무 소용이 없는 것이다. 그러나 지나친 경쟁은 어떤 결과를 가져오게 될까? 국내 손꼽히는 양대산맥의 대기업 중의 하나인 **전자의 중간관리자급의 a팀장과 b팀장이 있었다. a는 여자였고, b는 남자였는데 둘은 끝없는 경쟁 관계였다. a는 나이가 b보다 7살이 많았지만, 승진에서는 유리천장 효과였는지 계속 밀리고 말았으며, 그로 인해 일에 파묻혀 살다 보니 미혼이었다. b는 두 아이가 있는 한 가정의 아빠였고 무난한 승진을 계속하고 있었다. 당연히 a는 b보다 굳세야 했고, 강하게 일을 추진하는 모습인 반면, b는 나름 페이스를 유지하는 팀장이었다. 어느 날 둘이 경쟁에서 같은 프로젝트의 다른 계획으로 회의를 시작하게 되었다. 극심한 경쟁에 시달리는 시기였고, 누구나 날카로울 수 밖에 없었다. a팀장과 b팀장은 이 프로젝트로 승진은 물론 팀원 전체가 사내에서 큰 영역을 차지할 수 있는 기회였으며, 패할 경우 극심한 고통과 함께 다시는 재기할 수 없는 대우를 받을 수도 있다는 불안감에 사로 잡혀있는 분위기였다. 쟁쟁한 발표와 함께 회의는 열띠게 진행되었고, 결과는 b의 승리로 결정 났다. a팀장의 좌절은 심했지만, 그보다 견딜 수 없는 것은 b와의 말다툼이었다. b는 a의 승복하지 못하는 결점 지적과 깎아내리기 언행이 불편했고, 결국 심한 말다툼으로 이어지게 되었다. b는 그래도 다음날 담담한 출근을 하지만 a는 출근하지 못했다. a팀장은 결국 그날 밤 자살을 하고 말았다. 이 여파는 b에게도 이어져 인정할 수 없는 죄책감이 수시로 들었고, 계획대로 일을 하는 데 많은 인내심과 평정심이 필요했다. 자신의 말과 행동, a에게 했던 모든 것이 고스란히 자신에게 돌아와 꽂힘을 느꼈다. 이렇게 지나친 경쟁은 회사의 이익이기보다는 파괴적인 면이 많다. 2018년 2월 보도한 국가인권위원회 자료에 따르면 직장 내 괴로움으로 1년간 자살 및 자살시도의 비율 중 가장 높은 치수는 '거의 매일 – 자살 생각'이 33.3%이고 '거의 매일 – 자살시도'가 10.6%이다. '주 1회 정도 – 자살 생각'이 20.6%이고, '주 1회 정도 – 자살시도'가 6.0%로 높았다.[48]

48) 국가인권위원회 보도자료 2018-02-12 직장내 괴롭힘 실태조사 결과

2018년 9월에 발표한 국가통계청의 사망원인 통계를 보면 2017년의 자살에 대한

비율이 상당히 높다. 10대부터 30대까지 사망원인 1위는 자살이며, 40대부터 50대까지는 자살이 2위이다. 스스로 목숨을 끊는 것에 대한 두려움이 점차 줄어드는 이유는 무엇일지 생각해 보아야 한다.

경쟁이 치열하기 시작하는 10대는 4.7%로, 이후 20대16.4%, 30대 24.5%, 40대 27.9%, 50대 30.8%로서 점점 증가하는 것을 볼 수 있다. 그나마 전년 대비 −4.8%로 감소하고 있다고 한다. 대한민국이 OECD 국가 연령 표준화 자살률 비교에서 세계 2위로 많은 수치인 것을 우리는 안다. 이러한 원인을 인간성의 상실, 존재에 대한 가치 상실로 무한 경쟁에서 지는 패배감에서 원인을 찾을 수 있다. 잘못해도 격려와 희망을, 최고가 아니어도 함께하는 즐거움을 우리는 가르치지 않는다. 잘못했을 때의 질책이 삶에 대한 비관을 불러오는 것에 우리는 주의를 기울여야 한다. 수치심이 다시 일어나는 힘을 주기보다는 어디론가 도망가고 싶다는 회피의 감정을 부추기고, 힘들게 살기보다는 쉽게 살아가는 방법을 찾는데 격려하는 사회가 우리의 문제점이 아닐지 바라보아야 할 필요성이 있다. 현재 우리의 교육의 나아감은 혁신, 창조, 변화, 새로움에 집중하고 있으며, 윤리, 인내, 용기, 절제, 용서, 정서 등에 대한 존중은 찾아보기 힘들다.

4) 대안

일보다 사람이 더 힘들다는 이유로 2019년 7월16일부터 근로기준법에 '직장 내 괴롭힘 금지법'이 시행되었다. 이러한 소식이 전해지자 다들 기억 속의 이야기를 하나씩 꺼낸다. 직장생활을 한 사람이라면 누구나 몇 가지의 사연이 있는 것이다. 앞서 다룬 다양한 내용 외에도, 직장내 성폭행 등 다루지 않은 문제들도 많다. 모두가 사람의 감정에 따라오는 것들이다.

'직장 내 괴롭힘 금지법'이란 직장에서 괴롭힘으로 인한 피해자가 발생하면 철저한 사실 조사로 규명하고 가해자 징계 조치를 가하는 것이다. 상시 노동자 10인 이상 사업장의 경우 취업 규칙에 이러한 행위와 예방에 따른 징계 내용을 상세히 명기해야 한다. 회사는 피해 발생시 피해자의 요구대로 근무지 변경, 유급휴가 등을 허용해야 한다. 이때 회사가 신고자나 피해자에게 불이익을 줄 경우 3년 이하의 징역이나 3천만원 이하의 벌금형이 가해진다.

그러나 직장 안에서 괴롭힘을 증명하는 것이 매우 모호할 수 있다. 이에 따라 '직장 내 괴롭힘 금지법'을 충족하는 3가지 사안을 명시하고 있다. 첫째는 지위 관계의 우위를 활용하는 것이다. 둘째는 신체적, 정신적 고통을 주는 것이며, 셋째는 근무환경을 악화하는 것이다.

상사의 갑질, 따돌림을 유발하는 언행, 성과의 독점, 지위를 활용한 서열유발, 개인사에 대한 소문을 내거나, 정당한 이유 없이 업무능력을 폄하하는 것, 다른 사람들 앞에서 모욕을 주는 것 등이 있으며, 심지어 욕설을 하는 것도 해당한다. 또한 업무와 관계없는 사적인 심부름을 시키고 회식을 강요하는 것도 포함된다.

괴롭힘의 행위자는 직장 상사만을 말하는 것은 아니다. 사용자와 근로자, 근로자와 근로자, 사업주의 소속 근로자와 파견 근로자 사이에도 해당이 된다. 지위의 우위에서 기준이 모호한 관계는 직급을 보거나 상대가 저항하기 힘든 개연성이 있는 업무상의 상태가 해당된다. 개인과 집단의 관계인 수적인 면도 포함하며, 학벌, 출신 지역, 근속 연수, 나이, 정규직 여부 등도 해당한다. 문제되는 행위와 함께 이러한 우위를 '이용'해야 적법한 괴롭힘으로 본다.

근무환경 악화는 가해자의 행위로 인하여 피해자가 업무능력을 발휘하는 데에 간과할 수 없을 정도의 지장이 생기는 것을 말한다. 가해자는 어떠한 의도가 없다고 말할 지라도 피해자가 정신적, 신체적 고통을 받았다면 그로인해 근무환경이 악화되었다고 인정된다. 화장실 앞자리로 자리를 옮기는 등 통상적으로 이해할 수 없는 업무공간 지시도 이에 해당한다고 본다.

괴롭힘의 증거를 모을 수 있는 수집 방법들이 떠돌고 있다. 자신을 싫어하는 대화를 동의 없이 녹음하여도 불법이 되지 않으므로 준비하고, 밥을 혼자 먹은 카드 명세서를 준비하며, 업무 공유에서 제외된 메일 자료를 관련 조사로 요청하여 준비한다. 험담하는 메신저창을 띄어

두는 모습의 동영상을 촬영하여도 불법이 되지 않는다.

'직장 내 괴롭힘 금지법'은 형사고소가 아니며 사내에서의 신고이다. 모욕죄나 명예훼손죄와 다르게 법령상 가해자에 대한 처벌 조항은 없다. 이 금지법은 예방과 대응을 중점으로 한 맞춤 법안이다.

그러나 상당히 매뉴얼화 되어 있다. 가해자로부터 분리만을 원하는 경우와 합의를 원하는 경우, 회사차원에서 조사를 통한 해결을 원하는 경우로 나뉜다. 내용에 따라 조사의 방법도 다른데, 회사차원에서 조사를 원할 경우에 정식조사를 통한 가해자 징계 등의 조치가 내려진다. 이후에도 지속적인 모니터링을 통하여 합의사항을 이행하였는지, 피해자에 대한 후속적인 괴롭힘 피해가 있는지 알아본다.

법이 시행되었지만, 근절이 되는지 지켜보아야할 사안이다. 직장 안에서 해결하는 담당부서를 별도로 만들어야 하는 일종의 추가사항이다. 회사는 생산과 수익에 직결되는 문제와 함께 인간의 감정을 다스리고, 안녕을 위해 노력하는 문제도 다루어야 한다.

잘 들여다보면 이것은 역시 감정에 관한 이슈이다. 일과 감정은 분리되어야만 한다. 현재의 기업은 일에 대한 프로세스를 강화하는데 치중한다. 그러나 성과가 좋으면 과정은 어떠해도 상관없는 시대는 아니다. 감정에 상처를 치료하기 위해 드는 비용을 줄이기 위해서는 예방에 치중하는 것이 답이다. 회사 내에 친절한 언어사용, 서로 업무가 가중한 만큼 배려하는 마음, 시기와 질투 대신 상냥한 미소를 보내는 한

차원 높은 행동양식이 직장인들의 마인드에 자리하면 좋겠다.

리더십을 중심으로 성과를 높이는데 집중한 역량강화 매뉴얼은 책으로 잘 구성되어 나와 있다. Peter Scisco, Elaine Biech, George Hallenbeck (2017) Compass: Your Guide for Leadership Development and Coaching. (이하 CCL)

CCL은 실사례들을 들어서 '커뮤니케이션'을 잘하는 방법, 사람들에게 '영향력'을 주는 리더가 되는 방법, '관계관리'하는 방법들 등 다양한 목록이 포함된다.

매뉴얼을 더 자세히 들여다보면, 커뮤니케이션을 잘하는 방법으로 듣기를 권한다. 듣기를 잘하는 사람은 핵심을 파악하는데 뛰어날 수밖에 없다. 무엇을 원하는지 정확히 알기에 전달이 용이한 것이다.

영향력 있는 리더는 설득을 잘하여 협력과 노력을 얻는다. 공감을 이끌어낼 줄 아는 사람으로서 높은 성과에 도달할 수 있는 격려 및 비전을 공유하고, 이들의 성과를 최대치로 끌어내는 설득의 능력이 있는 것이다. 주요한 사항은 공감능력이다.

관계관리에 능한 사람은 직원, 동료, 고객 등, 이해관계자와 건강하고 강한 유대를 조성하고 키워나간다. 가장 기본적인 자세로 감성지능이 높은 사람들이라고 말한다.

기업에서 성과를 높이는데 쓰이는 매뉴얼은 업무에 관한 사항이 더 크게 차지할 것이란 추측이 일반적이다. 그런데, 자세히 들여다보니 사람에 관한 내용이 더 많다. 이것은 일과 감정의 분리가 좀처럼 쉽지 않다는 것이다. 일에 관한 집중적인 노력이외에도 사람에 관하여 개발시켜야 하는 부분이 필수가 되는 것이다. 결국, 성과는 감정과 연결된다.

나는 일과 감정을 분리하자고 주장한다. 이 말은 경청, 공감, 감성지능 등에 관하여 배제하고 업무 매뉴얼을 만들자는 말이 아니다. 오히려 매뉴얼은 매우 뛰어남으로 더욱 이러한 교육이 이루어져야 한다고 본다. 그러나 개인이 일을 대하는 것에 있어서의 태도는 일과 감정을 분리하는 것이 맞다. 감정은 대부분은 부정적이고, 성취에 대한 두려움, 불안감에서 오는 불안정한 감정이 일의 영역에 넘어와 어렵게 만드는 것이다. 일의 영역에서 이러한 부정적 감정이 일어나는 요인에 대해 언어나 행동으로 설명할 수 있다면, 즉, 논의를 꺼낼 수 있다면 가장 좋은 상황이라고 본다. 이것이 되지 않는 것은 업무환경이 직원 모두가 평가 및 비평에 참여할 수 없기 때문이다. 지시만 있을 수도 있고, 나의 분야가 아닌 곳에 건의를 할 수도 있고, 경험이 부족하여 모르는 부분에 대한 실득을 회사는 불필요하다고 볼 수도 있다.

일이 빠르고 성과 있게 진행되기 위해서 모두 모이는 일은 없다. 다만 나의 영역이 있을 뿐이고 내가 해결하기 버거운 시점의 일들에 불안을 가질 수도 있다. 나에게 나타나는 일과 관련하여 안 좋은 감정을 일로서 해결하고자 해야 한다. 감정을 섞어서는 해결이 어렵다. 불안의 요소가 일에 있다면, 그 요소를 파악한다. 원인에 따라 해결점을 찾는다. 대안제시, 항목을 적은 건의, 논리 정연한 문제점에는 모두가 관심을 기울인다. 감정을 내세운 문제점에는 그 사람이 문제가 된다. 자신의 감정 때문에 일에서 낙오되거나, 오해받는 일이 생기지 않도록 노력해야 한다.

II

직장인
미술이야기

1. 최고경영자

The capacity to feel gratitude, love and to empathize with the feelings
of others results from a good-enough environment; self-absorption or a
false kind of selflessness may result from too much deprivation.
- Joseph Burgo, Ph.D.

감사와 사랑을 느끼고 타인의 감정을 공감하는 역량은 좋은 환경에서
나오며, 자신에게만 몰두하거나 이기심은 너무 많은 결핍의 결과이다.

　내가 [직장인을 위한 미술심리 세미나]를 기획했을 때, 제일 처음
잡은 대상은 'CEO'였다. 수요조사에서 일반적으로 눈에 보이는 스트
레스가 많은 감정노동자 못지않게 최고경영자의 드러낼 수 없는 불안,

스트레스가 많은 것으로 나타났다. 이들은 걱정거리와 근심, 분노와 같은 안 좋은 감정을 드러내지 않고 반대로 차분하게 해결점을 찾는 모습을 보여야 하는 직위의 사람들이다. 부정적인 감정에 의한 분노와 좌절, 공격적인 행동을 할 때 주위로부터 이목을 끌고 가십이 될 수 있는 위치에 있는 사람들인 것이다. Glaser & Greenberg (1983)은 이러한 특성을 "사회적 바람직성의 영향을 받은 사람들"[49]로 표현하고 있다. 불안과 분노와 같은 감정은 방어적으로 회피하고 일이 진척되지 않아 좌절하더라도 공격적 행동을 억제할 수 밖에 없다. 이들은 타인의 평가에 예민하거나 자존감의 위협이 되는 것을 사전에 차단함으로써 이상화된 자기 개념을 유지하려는 것이다.

49) Janice K, Kiecolt-Glaser and Brian Greenberg (1983) On the Use of Physiological Measures in Assertion Research. Journal of Behavioral Assessment, Vol. t, No. 2, 1983.

사회적 바람직성(social desirability)은 자기보고식 심리검사나 설문에 응하여 진단하는 경우에 나타나기도 한다. 특정한 의도와 바람직한 특성을 응답자가 내면에 정히어 자기묘사(self-description)를 하는 경향성을 말한다. 그러므로, 자신의 이상향을 그려 놓고 작성된 답을 표기함으로써 자신의 모습을 가상으로 진단받으려 한다. 일부 진보된 심리검사 문항에는 유사복수 질문이 수시로 들어있어 가상의 오류를 걸러내기도 하지만, 많은 사람에게 노출된 일반적이고 간단한 성격검사에는 이러한 오류 체크 문항이 없기 때문에 의존하면 안 된다. 흔한 예가

MBTI이다. 누구나 쉽게 검색만 하면 문항과 답을 얻을 수 있어 한국인도 즐겨 사용하는 성격검사이지만, 자신의 이상향이 나타나는 것이 다반사이다. 실제로 극도의 내향인이 동경하는 행동을 선택하고 '잔다르크'나 '최고의 리더'라는 진단을 받기도 한다. 최고경영자가 사회적 바람직성이라는 내면의 경향을 갖는 이유는 간단하다. 최고경영자의 "갑질"이라는 보도가 회사의 이미지에 치명적인 영향을 미치기도 하며, 최고경영자의 도덕적 행보가 알려지면서 구매가 폭주하기도 한다. 기업 이미지를 좌우하는 것은 평상시의 최고경영자의 행동이 될 수도 있으므로, 타인의 도덕적 편향성(moralistic bais)을 무시할 수 없는 것이다.

외부에서 영향을 받은 심리적 기반에 반하여, Peter F. Drucker와 같은 경영의 대가가 말하는 기업가정신은 이러한 심리적 기반을 내부에서 찾는다. 그의 저서 The Effective Executive (자기경영노트)[50]를 보면 통찰과 시간 관리, 의사결정 관리, 목표 달성 능력 등 모든 항목이 뛰어난 지식기반

50) Peter F. Drucker (2005) The Effective Executive. Harpercollins.

을 전제하며, 내면의 성장을 위한 방법론을 제시하고 있다. 완벽한 최고경영자에게 스트레스는 존재하지 않는 것처럼 보인다. 그러니, 행동 또한 완벽해야 하지 않을까. 모든 것을 잘 알고 있고, 경영과 조직의 일을 잘 할 수 있다는 신념을 가지고 살아가는 데 있어서 지나치면 자기중심적일 수밖에 없다. 이들을 우리는 '나르시시스트'라고 할 수 있

는데, 이것 역시 주변에서 감정이 배제된 행보로 어려움을 호소할 수 있으며, 주변인들의 저항을 온몸으로 견뎌야 한다. 이 저항을 느낀 사람들은 최고경영자로서 외로움이나 배신감을 느끼기도 한다. 사람은 어디에 있던지 무슨 일을 하든지 적정한 형태의 사랑을 주고받아야 한다. 마음은 보이는 것보다 훨씬 잘 느낄 수 있으며, 형태도 없는 것이 힘은 무척이나 세기 때문이다.

외부의 영향이든, 내면의 신념이든 상관없이 크고 작은 스트레스를 조절하며, 나 자신의 균형을 위해 노력하는 모습에 더 철저함을 느낄 수 있다. 최고경영자들은 산을 볼 줄 아는 사람들이다. 건물의 구조를 생각해서 더 빠르게 도달하는 방법을 알아내고, 일의 진척을 위해서 사람들의 장점과 성격을 고려하여 배치하는 데 힘을 쏟는다. 혼자서 앞으로 나가기도 어려운데, 이들은 많은 이들을 끌고 앞으로 나가야 한다. 전체적인 구조를 파악하기 위해서는 수시로 생각하고, 여러 현장에 다가가 바라보아야 하며, 많은 사람을 만나 보고를 받는다. 다른 일보다도 다양한 곳에서 디체로운 경험을 할 수 밖에 없다. 경험이 많다는 것은 큰일이 생겨도 여유를 갖게 한다. 일반적으로 수용되지 못하는 충동을 정반대로 나타내는 "반동형성"이 생겨나기 때문이다. 기간 안에 일이 처리되면 상당한 수익과 영향력이 회사 내부에 생기는 데 반하여 일 처리에 지연되는 각종 일들과 사람 간의 이유가 생겨날 때는 많은 스트레스를 받는다. 그러나 진행이 더딜 때나 사업에 낙찰

되지 못했을 때, 계약이 성사되지 않았을 때, 오히려 유머로 주변에 여유를 보이기도 하며 일이 잘되기 위하여 직원들에게 비난보다 격려를 쏟기도 한다. 개인의 내면을 감추면서 외부적으로 그 이상의 행동을 함으로써 도덕적 가치 규범의 모범을 보이는 반동형성으로 하부의 결속을 다지게 만든다. 반동형성 역시 방어유형의 하나로 이러한 CEO는 이상적이다. 이러한 자질은 타고 나는 것이 아니다. 자신을 수시로 살펴보고 자신의 취약점을 찾아보고, 자신의 감정 상태를 체크하는 사람만이 컨트롤할 수 있는 역량이다. 그림을 통해서 자신의 내면을 들여다보고 조언을 얻는 것도 좋은 방법이다. 때로는 사회적 가면을 써야 할 수도 있다. 이러한 가면이 법을 어기거나 거짓을 얻는데 발달하는 것이 아니라 감정적으로 취약한 면을 보완할 때 사용하면 좋다. 여기에서 보완이란, 위기상황에서 긍정적인 부분을 찾아내고, 대안을 떠올리는 리더일 수 있다. 감정, 정서란 이렇게 영향을 받으면서 어려울 때 하나로 뭉쳐서 이겨낼 방안을 찾게 되는 것이며 동기를 얻게 되는 것이다. 미술심리는 이런 면을 보강해 주는 역할을 한다. 자신을 객관적으로 바라볼 수 있게 도와준다. 최고경영자는 자부심과 자신에 대한 신뢰가 강한 사람이다. 자신의 취약점이나 불안을 함께 나눌 사람은 주변에 없다. 일과 관련된 사람들과 나누기보다는 조언을 해줄 수 있는 제 3자와 이야기 나눔만으로 자신의 길을 수정하고 잘 건설해 나갈 수 있는 힘이 생긴다.

1) 목표지향이 강한 CEO

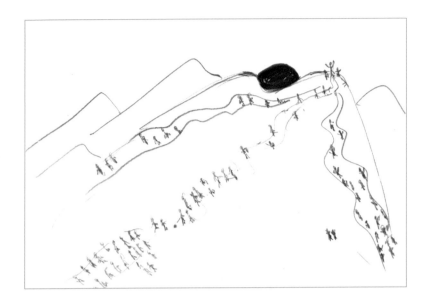

위의 그림은 CEO 세미나에 참석하셨던 어느 멋진 분의 그림이다. 한때 대기업에서 높은 직급을 가지고 있었고, 현재는 관련된 회사를 두 개나 운영한다. 최고경영자는 큰 구조를 보는 것이 몸에 체득된 사람이다. 전체적인 구도가 이것을 알려주고 있는데, 마치 위에서 내려다보듯 그림을 그렸으며 작은 것에 신경 쓰지 않는다. 오로지 붉게 떠오르는 태양을 향해 난 길을 따라 걸어가고 있는 사람들이 보일 뿐이다. 태양은 목표, 이상향이며, 이상적 대상이 될 수도 있다. 여기서 대상은 정신적 지지자인 부모, 멘토, 스승, 하고자 하는 분야에서 선두인 사람일 수도 있고 일의 성취일 수도 있다.

위의 그림을 그린 최고경영자는 목표의식이 확실한 분으로 무엇을 위해 나아가야 할지 알고 있으며, 그 옆에 정상에서 두 손을 들고 있는 비교적 큰 사람이 바로 본인이다. 작은 두 사람 사이에 있는 나는 이미 정상에 도달해 있다. 자존감(self-esteem)이 발달한 사람으로 청년기에 서부터 대단한 성취를 가져왔고, 사람과 사람 사이에서 일을 추진하는 것에 뛰어난 사람이다. 그가 설명하기로 "내가 닦아온 길로 많은 사람들이 따라와 정상을 향해 정진하고 있다."는 것이다. 개미처럼 작은 사람들이 줄을 이어 오고 있다. 간단하고 명쾌하게 높은 산을 오르는 모습이다.

전체를 보는 사람은 나무 하나하나를 보지 못한다. 이 그림은 나무조차 없다. 모든 것을 생략한 그는 사람도 똑같은 모습으로 그렸다. 개인의 개성이나 특징은 없다. 전체의 목표만 있을 뿐이다. 자칫 히틀러처럼 철저히 목표지향 주의가 될 수 있다. 신경증적 방어에 해당하는 통제(controlling)가 나타나고 있다. 일이라는 목표에 집중하여 주변의 환경이나 사람 간의 감정을 조정하고 자신의 의도에 맞게 하려는 과도한 시도를 할 수 있으며, 통제 방어가 높은 경우 자기주장이 매우 강한 사람에 해당할 수 있다. 그림에서 보듯이 중요한 것은 '해'이며, 나무도 사람들도 하나하나의 특징이 없어도 된다. 부수적인 것은 아무것도 없다. 결국, 목표를 위해 나아가는 것 외에는 없는 것이다.

이러한 유형은 함께 일하는 사람들의 개인적인 생각이나, 주변의 환경을 생각해 보는 것이 가끔은 이해하기 어렵거나, 매우 불편하다고 느낄 수 있다. 오랫동안 목표를 향한 의지가 고착되어 하나의 성격을 형성하였다면 더욱 쉽지 않을 것이다. 그러나 사람은 관계 속에 살아가는 것이다. 목표를 향해 나아가는 것 또한 관계 안에서 이루어지는 것임으로 함께 하는 사람들을 경험해 보길 권하고 싶다.

목표지향적이고 성취의 경험이 많은 이 그림의 최고경영자는 승화(sublimation)의 성숙한 방어기제를 가지고 있다. 사회적으로 가치 있는 일을 성취하려고 노력함으로써 자신을 둘러싼 부정적인 기분을 덜어내는 것이 승화의 특징이다. 평상시 매우 부지런하고 신념에 따라 성실한 모습을 가진 그가 어릴 때부터 내재 된 방어기제로 해석된다. 다만, 남들도 나처럼 하길 바라는 마음에서 통제가 들어갈 수 있다는 것이다. 사람의 마음을 움직이는 것은 무엇일까? 그것은 사람마다 다르다. 잘 살펴보면 나와 비슷할 수도 있고, 전혀 다를 수도 있다. 이것을 찾아낸다면 독재자는 되지 않을 것이며, 많은 지지자들이 생겨날 것이다. 일에서 성취도 좋지만, 과정에서 즐거움을 찾아가 보면 어떨시 묻고 싶다.

2) 좋은 리더가 되고 싶은 갈망의 CEO

어항 그림검사는 가족 간의 관계와 그리는 이의 환경이 나타나는 그림검사로 알려져 있다.

두껍게 여러 겹으로 그린 어항 자체가 바로 CEO 자신이라 설명한 P대표는 중견기업을 소유한 경영자이다. 총 4개의 계열사를 보유한 P대표는 구불구불한 잎의 해초를 계열사 덩어리, 집, 나무, 성장해야 할 보금자리라고 말했다. 평소 초록을 좋아하는 그는 사내 모든 인테리어를 초록으로 선택할 만큼 좋아하는데, 일을 초록의 잎들로 표현하였다. 일이 곧 회사의 수익이고, 성장이다. 그는 성장에 초점을 맞추기를 좋아하는데, 그래서 자라고 성장하는 잎을 일로 생각한 것이다.

각 계열에서 대표를 대신해서 우두머리 역할을 하는 물고기를 분홍색으로 그렸다. 분홍색은 총 3개가 있는데 다른 물고기보다 크기가 크다. 표정이 조금씩 다른 것을 제외하고는 셋 다 크게 개성을 가지거나 다르지 않은 모습이다. 다만 이들은 눈이 또렷하고 눈동자가 있으며 입이 그려져 있다. 눈과 입은 소통을 의미하는데, 대부분의 일들을 이들 셋과 진행하고 있으며, 평소에 많은 대화를 한다. 그 다음 중간관리자를 갈색의 물고기로 크기가 분홍보다는 작지만, 보라보다는 크게 그렸다. 마지막으로 그린 보라색 물고기 세 마리는 그 크기가 작고 물풀 사이사이에 있다. 이들은 사원을 그린 것이라고 한다. 특정인을 이야기해보길 권했으나. P대표 역시 특정인을 의식하지 않았고, 어림잡은 직원들을 위계질서에 맞게 적당히 그려낸 것이라고 했다. 그 외에

파란색의 흐물흐물한 형체들이 잎에 바싹 붙어있는 것을 볼 수 있는데 이것은 회사에 크고 작은 업무를 도와주는 프리랜서들이라 표현했다. 주황의 별들은 일을 하는 데 도움을 주고받는 공생의 관계에 있는 다른 회사의 대표들이다. 특별히 도움을 받는 사람들이며 애착이 있는 사람들이라 표현한다. 파란 점들은 플랑크톤으로 풍부한 먹이를 그렸다.

그림의 구성은 지면을 가득 채우고 있으며 특별히 어느 부분으로 치우쳐 있지 않다. 이것은 사고의 영역이 다방면에 걸쳐서 이루어지고 있다고 해석할 수 있다. 두껍게 그린 어항은 여러 색을 가지고 있는데 P대표는 '융통성'이 매우 뛰어난 리더이다. 특별히 사람을 다루는데 능력이 있으며, 누구와 대화를 해도 즐겁게 합의점을 찾아갈 수 있다. 이러한 면이 그림에서 자신을 어항으로 표현한 것에서 나타난다. 자신은 좋은 리더가 되고 싶은 바람으로 더 많이 움직이고 더 많이 일하는 모습을 보여야 한다는 것이 내재 된 신념이다. 직원을 위해 대표 본인의 외부적인 움직임 많은 지역보다 직원들이 출퇴근하기 좋은 위치에 본사를 두고 있으며, 키워야 할 영업의 근거지가 되는 계열사 근처에 집을 얻어 대표 본인이 먼 거리인 본사에 출퇴근하고 있다. 일과가 촘촘하고 직원들에게 휴일 제공을 아까워하지 않는다. 관계에서는 넉넉함을 보이려고 노력하는 성향이다. 그러나 회사와 직원에 대한 애정이 있는 만큼 자신의 테두리 안에 모두 넣고 있다.

이것은 Freud의 방어기제로 본다면 통제(control)의 특성을 가졌다고 볼 수 있다. 회사의 전체, 모습이 자신의 바람으로 성장하길 원하면서 내부적으로 직원들은 그 안에 살고 있고 존재하는 것이다. 이 중에 하나라도 이탈을 한다면 매우 섭섭해할 것이며, 이들이 자신의 꿈과 함께 성장하고 살아가길 바라는 맘이 강하다고 볼 수 있다. 이러한 떠남에 대해 평소의 관찰과 마음의 대비를 두면 좋을 것이며, 자신의 바람처럼 함께 할 수 없는 경우도 있음을 인지해 두어야 마음에 상처가 되지 않을 것이다. 어항이 튼튼하고 여러 색과 선은 강하고 든든함을 가지고 싶은 마음이 P대표를 더 부지런하게 하는 강박적인 원동력이 될 수도 있다. 이것은 옳고 그름의 차이가 아니라 그저 현재 자신의 모습을 바라볼 수 있는 해석이다.

이 그림을 통하여 P대표는 평소 자신은 직원 하나하나의 가정사나 직원의 아이들 이름이나, 현재 일어나고 있는 일에 대한 세세한 것은 알지 못했음을 알게 되었다고 했다. 일에 대한 진행이 긴박하게 일어나고 혼자서 계열사의 모든 것을 컨트롤해야 하는 일들이 많아짐에 따라 업무적인 이야기가 주를 이루고 있으며, 한 곳에 머물러 모든 시간을 보내는 것이 아니라 외부적인 일과 계열사를 다녀야 하는 촉박함이 개개인에 대하여 더욱 멀어지게 하였음이 당연하다. 그런데도 세세하게 알지 못한 부분에 대한 반성을 이어갔다. 그림에 물고기들이 특별한 특징이 없고, 표정이나 장식이 없으며 모두 비슷한 형태인 것이 이러한 특성을 보여주는 것이다. 물고기들의 크기와 색으로 직위만을 표현하고 각 계열의 리더만 눈동자와 입이 있는 그림표현은 그들과 많은 대화를 나누고 있음을 알려주는 것이다. 다른 물고기들과는 소통이 잘 일어나지 않으며, 일 적인 부분으로 바라보았음을 그림이 말해준다.

그러나 개인적으로 힘든 일에 대한 토로를 하면 본인이 손해를 보더라도 수용하는 P대표는 타인을 위해 자신이 조금 물러나 바라보는 마음, 더 많은 행동으로 일을 처리하고 직원들이 편하게 지낼 회사를 만들고 싶어 본사도 옮기지 않는 희생적이고 모범적인 동기를 가진 이타주의(altruism)를 가지고 있다. 성숙한 방어기제의 하나로 손해를 알면서도 수용하기를 마다하지 않는다.

돈이나 일보다 사람을 얻는 것을 중요하게 여기는 P대표는 회사도 직원이 먼저라는 생각을 가지고 있다. 보다 편하게 지낼 수 있게 돌봐주려는 마음이 더 앞선다. 수익이 많아도 지출을 줄이지 않으면 회사는 이익이 나지 않는 것은 당연하다. 이익을 위해 회사가 존재한다는 대표와 사람이 우선이라는 대표의 경영 차이는 대단히 큰 것이다. P대표는 창고에서 시작하여 부모의 도움 없이 길지 않은 시간 안에 회사를 성장시킨 저력이 있었는데 그를 도운 리더들이 중요한 역할을 했다. P대표가 성장을 위해서 외부로 움직일 때 내부에서 묵묵히 일을 처리하고 힘든 일도 마다하지 않고 야근과 일을 처리해준 내부리더는 그의 마음을 믿고 함께했음을 고백한다. 돈을 벌기 위해 혈안이 된

CEO와 달리 함께 성장해 보자는 격려를 지속적으로 아끼지 않고 자신보다 직원과의 약속을 위해 아끼지 않았던 이타적인 CEO로서 위와 같은 결과를 가져오는 모습이다. 오늘도 직원보다 많은 거리를 움직이고, 새로운 일에 대한 공부와 플랜으로 잠을 줄이고, 매일 먼길을 돌아다니며 모든 리더와 2~3시간의 회의를 지속적으로 하는 P대표이다. 그는 직원들이 아가들을 낳고 가정을 넓혀가는 모습을 보면서, 정작 자신은 결혼도 못하고 있지만, 행복하다고 말한다.

World Economy Forum에 실린 The Future of Jobs Report (2018)[51]

51) The Future of jobs Report 2018 (Part1 Preparing the Future Workforce p12. Tabel 4) World Economic Forum.

에 따르면 2022년 직원들의 직무 수행에 요구되는 스킬이 현재와 매우 상이하게 다를 것으로 전망했다. 여기에 새롭게 떠오르는 단어로 "감성지능"이 있다. 보다 기계적인 일 처리나 반복적인 일 처리는 AI가 할 것이며, 점차 예측, 혁신, 리더십, 복잡한 문제해결, 분석 및 평가, 설계 및 프로그래밍등이 요구될 것으로 보고 있다. 감성지능은 사람의 마음을 느끼고 대처하거나 자신의 감정을 처리하는 능력을 말한다. P대표는 자신의 희생에 뛰어난 감성을 지니고 있었고, 직원과의 직접적인 교류 시간이 많이 부족함을 느끼는 감성도 보였다. 직원들과의 교류를 통하여 서로를 알아가면서 직원들 또한 대표의 의견에 적극 동참하여 회사 일을 자신의 일처럼 할 수 있는 감성을 키워 나갈 것이다.

3) 자아도취 여성 CEO

소개할 주인공은 매우 세련되고 아름다운 여성 CEO이다. 그녀는 수수하게 멋을 내는 것을 좋아하지만 늘 명품으로 전신을 꾸민다. 아름다운 미소와 반짝이는 눈을 가진 맑은 표정의 그녀는 다정다감한 면을 잃지 않는다. 그녀의 주변은 늘 좋은 일만 일어나는 것 같다. 단정하고, 피로해 보이지 않는 외모에서 삶의 윤택함과 높은 지적 수준을 느낄 수 있으며 누군가에게서 진정으로 아끼고 사랑받는 느낌을 담뿍 가지고 있다. 원가족의 편안하고 풍요로운 삶과 부모의 지원이 느껴지고, 현재 남편에게서 자유로운 허용과 사랑이 느껴지며 자녀에 대한 어떠한 제약이 없음을 그녀의 옷차림, 활동, 대인관계를 돌아보면 느끼게 된다. 가끔 가슴골이 보일 정도로 파인 화려한 문양의 원피스를 즐겨 입기도 하고 높은 굽의 힐과 짧은 치마를 입기도 하며, 청순함의 극치를 높이는 여고생 스타일의 옷을 코디하기도 한다. 세련된 옷차림을 선호하면서 때와 장소에 맞는 노출과 정장의 센스는 시간적 자유와 주변의 허용이 없이는 40대 아줌마의 위치에서 어려운 일이다. 남편은 국가기관에서 일하는 공무원이다. 보수직인 성향의 가정에서 이렇게 자유로운 주부 CEO가 되기까지 그녀의 준비는 상당히 오랜 기간 이어졌고, 직장생활도 대기업에서 오랫동안 다녔기에 주변의 신뢰를 받는 모습이다.

앞장의 그림은 자화상으로서 자신의 사진을 보고 그린 그림이다. 핸드폰에는 자신의 셀카와 타인이 찍어준 사진이 다수 있다. 자신의 외모에 상당한 자신감을 소유하고 있는 그림이다. 실제로 자신이 매우 어려 보이는 이쁜 외모라는 것에 큰 자부심이 있었다. 그 기대를 깨지 않기 위해 누구든 만나면 아름다움을 칭송하거나 치하해 주어야 했다. 예의상이든, 실제로 그렇게 느끼든 말이다. 자신의 외모에 치밀한 만큼, 이 여성 CEO는 일에서도 상당히 면밀한 면을 가지고 있었다. 일 년여 동안 자신의 사업 분야를 알기 위해 상당히 많은 배움을 했다. 그녀의 아버지는 건축업계에서 상당히 알려진 분이다. 가끔 아버지가 자신을 얼마나 사랑했는지 강조하기 위한 과거 이야기를 들려주곤 한다. 그녀는 클래식한 분위기를 좋아하며 유럽의 건축물들을 사랑하여 세계의 여러 나라를 여행하기를 즐긴다. 특별히 건축물에 대한 많은 자료를 가지고 있다. 그녀가 근무한 대기업은 건축과는 상당히 거리가 먼 화장품 회사였다. 브랜드에 예민한 것은 오랜 직장경력으로 익숙해진 습성이었고, 그래야만 대접을 받는다는 관념이 생긴 것이다. 그녀는 실내 디자인사업을 시작했고, 그것은 보이는 것과 다르게 시공을 하는 업자들과 말다툼 내지는 무시를 겪어야만 했다. 여성 CEO, 그것도 자신에 대한 사랑이 아낌없는 그녀가 시행까지 다루기에는 무척 어려운 면이 있는 부분이었다. 그녀는 자신에 대한 자부심 못지않게 일에 거는 승부욕도 대단했다. 그녀는 자신의 여성성을 일에 사용하는데 탁월했다. 자신을 돕는 직원들이 그녀에게 빠져 있는 것은 놀라운 일이 아니었다. 초면에도 아름다움을 칭송해야만 그녀가 상처받지 않을 것이란 예의가 생기게 된다. 사람들은 그들 자신도 모르게 그녀의 세계를 동조하고 있었다. 일에서도 그녀는 자신을 어필하는 데 언변과 미소와 상냥함을 동시에 사용하고 있었다. 거절하기 어려울 만큼 맑은 미소와 눈은 거친 사람들로 하여금 자신의 깊숙이 숨겨둔 내면의 친절함을 꺼내게 하였다. 그녀는 그런 대접을 받을 만큼 어린아이 같으면서도 '피해자 코스프레'를 잘하였다. 코스프레는 만화나 애니메이션의 주인공처럼 화장과 가발, 의상을 통한 분장을 하여 모방을 즐기는 행위로써 코스튬(Costume, 복장)과 플레이(Play, 놀이)를 합한 신조어이다. 여기에 피해자라는 입장의 가설을 흉내 내는 놀이라는 뜻으로 '피해자 코스프레'라는 용어가 생겨났다. 그녀는 주변 사람들을 잘 사용했다고 볼 수 있다. 상황에 맞춰서 자신을 도와주어야 하는 이유가 충분하도록 사람들을 설득할 수 있었다. 그것도 아주 자연스럽게, 지속적으로 말이다.

우리나라처럼 보수적인 성향이 강한 조직에서 여성이 성장하기 위해서 다양한 요건이 요구된다. 아름다움은 물론이고, 부모의 재력, 남편의 든든함은 그녀의 자질과 상관없이 커다란 지원구실을 한다. 여성에게 원가족의 부유함은 사회에서 대접으로 이어지곤 한다. 그것을 깨는 것은 여성 CEO 스스로의 능력이 있어야 한다. 전문성, 탁월한 식견, 대화 방법, 가정과 일의 양립에서 가정 때문에 일을 그르치지 않는 관리능력도 여성에게는 필요하다. 특별히, 우리나라 특유의 유교 사회의 잔재가 없어진 현대사회라도, 여성에게 강요되는 미덕은 존재한다. 명절에 일하기, 자녀 일류대 보내기, 다소곳하고 여성스러운 면의 강조는 드세고 억척스러운 면을 드러내지 않아야 한다. 경쟁의 사회에서 참 어려운 일이다. 2018년 6월 Harvard Business Review의 여성 CEO의 인터뷰를 잠시 들여다보고자 한다.[52] 그들은 집에서나 일에서 어떠한 지원도 원하지 않음을 말했

52) Harvard Business Review (JUNE 15, 2018) In Interviews, Female CEOs Say They Don't Expect Much Support — at Home or at Work Andromachi Athanasopoulou Amanda Moss Cowan Michael Smets, and Timothy Morris

다. 자신이 스스로 나서서 처리하는 모습을 사회에서는 더 인정해 준다는 것이다. 리더십 또한 남성들처럼 진취적이고 혁신적이며 큰 그림을 보고 비전을 개발하고 전략적 능력을 연마하는 등의 남성적이라고 생각되는 리더십 기술과 행동을 개발하는데 집중한 여성 CEO들이 현재 대기업을 이끌고 있다는 것이다. 이 보고서에 따르면 총 151명의 글로벌 CEO를 대상으로 여성 CEO들의 리더십을 연구했다고 한다. 그중 여성이 12명, 남성이 139명이었다. 이만큼 여성들은 남성보다 높은 직급을 얻기 어렵다. 2017년 그랜드 손턴의 보고서에도 고위경영진 여성 중 CEO나 전무이사는 9%에 불과하고, G7에서 고위경영진의 7%가 여성 CEO이며, HR 이사는 20%, 마케팅 최고 책임자는 12%에 불과하다고 지적했다.[53] [54] [55]

53) Wei Zheng, Ronit Kart, and Alyson Meister (2018) How Women Manage the Gendered Norms of Leadership. Harvard Business Review.

54) Herminia Ibarra, Deborah Tannen, and Joan C. Williams (2018) HBR's 10 Must Reads on Women and Leadership. Harvad Business Review.

55) Grant Thornton (March 2017) Women in business (p.12 figure 4)

리더십 연구 보고서는 여성들이 최고의 직업을 얻는데 다섯 가지 조언을 하고 있는데, 첫째는 자신의 야망을 소유하는 것이다. 겸손이 미덕이 아니며, 스폰서 부족이나 홍보에 대한 거부감으로 자신을 개발하기 어려울 수 있으니 야망을 스스로 수용하는 것을 권한다.

둘째는 부탁받기를 기다리지 말라고 한다. 이것은 자신감과도 연결되는데 여성의 친절한 회의 진행 및 의사소통이 여성의 경력과 연결되는 자신감 부족으로 보이는 것을 이야기한다. 남성들의 소통방식이 더 진취적으로 보이며 승진과도 연결이 됨을 보고하고 있다.

셋째는 개인 생활과 전문직 생활, 둘 다를 책임진다. 어느 것도 완벽한 사람은 없으므로 스스로 해결하는 데 도움을 받는 네트워크를 형성하라고 조언한다. 남성 CEO들도 네트워크를 적극 활용하고 있으며 현재를 더 잘 할 수 있도록 도움을 얻는 네트워크 형성에도 힘을 쏟음을 강조한다.

넷째, 장기적 목표에 집중하길 권한다. 남성보다 여성이 양육과 관련하여 직장을 몇 년 동안 쉬어야 함을 알고 있다. 그것에 크게 좌우되지 말고 장기적인 계획을 세워 "포기하지 말고 물러나지 말라"는 조언을 한다. 조직은 여성을 위해 지원 메커니즘 및 리더십 관행을 바꾸려는 시도를 하기 때문에 장기적인 전망을 바라볼 수 있게 될 것이라 전한다.

다섯째, 원만한 리더십 스타일을 수용하라고 이야기한다. 남성들의 리더십 스타일을 채택하지만, 여성만이 가져갈 수 있는 독특한 리더십을 첨가하여 남성을 그대로 모방하지도 않고, "여성성"을 내세워 운영하지도 않기를 권한다. 여성 변혁 스타일로 보완하기를 강조한다.

위의 자아도취 여성 CEO는 자신의 말이나 파워로 움직일 수 없는 강한 대상을 만났을 때는 Freud의 방어기제의 하나로 "수동공격(passive-aggressive behavior)"를 사용하여 활동을 불편하게 만들었으며, 자신이 대화로 해결할 수 있는 대상에게는 눈에 띄는 저항(resistance)을 사용하는 모습이다. 이러한 행동으로 마음을 불편하게 하여 상대를 자신이 원하는 방향으로 이끄는 행동 양식을 가지고 있었다. 전문직으로 더 성장하기 위해서는 상대가 불편함을 느끼는 것보다는 신뢰와 전문적 지식으로 대하는 것이 차후에 도움이 된다. 불편함이 지속 되고 쌓이면서 충돌을 피할 수 없는 시기가 오기 때문이다. 자신에 대한 사랑과 즐거움이 가득한 삶을 돌아볼 때 보다 성숙한 방어기제인 유머(humor)를 늘리기를 권하였다.

아름다움도 좋지만 함께할 때 더 좋은 것은 사고의 소통이 일어나는 순간으로, 전문적 견해에 대한 동의나 즐거운 경험, 재미난 담소가 신뢰를 더 끌어주기 때문이다.

4) 아들이 더 중요한 여성 CEO

위의 그림은 외국계 회사의 대표를 맡고 있는 여성 CEO의 그림이다. 동물 왕국의 생일잔치를 그려보는 과제에서 모두들 회사의 대표이사와 임직원을 그리거나 자신을 왕이라고 하여 그림을 그리는 것과는 달리 자기의 아들을 왕으로 표현했다. 자신은 가장 아래 작게 표현하고 있는 모습이 직위와는 전혀 다른 모습으로 인상적이다. 가정에서 대장은 곰으로 남편이며 가장 위에 있다. 자신이 아래에 있는 것과는 무척 대조적이다. 가운데 삼단 케익은 성대한 생일 축하를 의미하며 아들은 검은색으로 칠했는데 표정 또한 무뚝뚝하다. 큰 덩치에 비해 감정표현이 미숙하거나 대화를 많이 하지 않는 조용한 성격으로 드러나고 있다.

그림에서 아들을 아주 많이 사랑하는 이 여성 CEO는 가족이라는 울타리를 매우 소중하게 생각하고 있다. 마치 누구도 이탈하면 안 되는 곳으로 그려내고 있는 모습이다. 창이 없는 벽과 단단한 지붕은 외부로부터 가족을 일체 단절하고 있다. 왼쪽으로 그려진 작은 새들과 흐릿한 동물은 집에서 일을 도와주는 사람들, 또는 가족을 돌봐주는 조부모로 해석할 수 있다. 이들이 바삐 움직여 가족이 편안할 수 있도록 돕고 있는 것이다. 아들이 아주 커다란 존재로 자리하고 있는 것은 크기와 위치로 해석이 가능한데, 자신보다 높이 있다면 그들에게 정신적, 신체적, 행동적 제약 내지는 지배를 받고 있다고 볼 수 있다. 위계 및 서열을 나타낼 때 그림의 위치와 크기, 색 등에서 해석의 요지를 얻는다.

남편과 자신은 밝게 웃고 있는데 가족 간의 관계가 매우 좋음을 알 수 있다. 그러나 왕인 아들의 표정이 밝지 않음으로 나는 아들과 많은 시간을 보낼 필요가 있다. 위의 그림은 심리적으로 함께 하지 못하는 아들을 위하는 마음이 강하게 드러난 것으로 해석된다. 남성들도 자녀에 대한 부담감과 아내에 대한 부담감을 많이 가질 것이다. 그러나 직접적 양육에 대해 더 많은 걱정을 하는 것은 여성들이다. 집에서 아이 돌보는 일에만 치중하는 여성들과 자신의 입장은 많이 다르기 때문에 책임도 더 많이 가중 된다. 일에 있어서 매우 큰 리더이고 대장이지만, 집에서는 가장 약하고 힘없는 존재임을 역설적으로 보여준 그림이다.

5) 사회적 가면이 강한 CEO

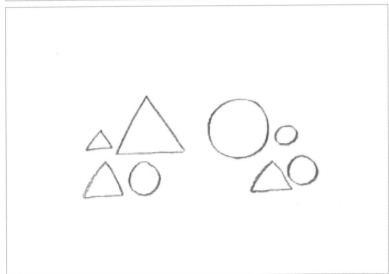

사람들은 누구나 사회적 가면을 쓰고 살고 있다. 앞서 심리학에서 말한 Jung의 페르소나 설명에 나타나는 이야기이다. 이상적인 조건의 모습을 보이면 호감도가 높아짐을 우리는 알고 있다. 특별히 잘생기고 깔끔한 정장을 입은 친절한 사람을 보면 시선을 빼앗길 확률은 당연히 높다. 외모뿐 아니라, 관계에서도 적정한 대답과 다음 이야기를 이끌어갈 수 있는 소통 능력은 대단히 호감이 간다. 좋은 직장에서 멋진 직위를 가진 사람이라면 더 말할 나위 없다. 여기에 가정에서 모든 관계가 이상적으로 좋아 서로 사랑하고 아끼며, 행복한 가족이라면 '우리는 전생에 나라를 구했나 보다'라고 칭찬한다. 그만큼 삶을 완성하기는 어렵기 때문이다. 그중에 하나라도 잘 이루어내기 힘든 세상인데, 그 모든 것을 잘 갖춘 사람이 일도 나이스하게 하고 국제적 교류까지 척척 성취해 내는 CEO라면 당연히 환상적인 상상을 하게 된다. 그러나 때로는 이러한 환상을 만들어 내는 CEO도 있다.

처음 주변에서 이 분의 상담을 추천했을 때 매우 심각한 이야기를 토로했었다. 국제 변호사 자격증을 가지고 있는 ○씨는 한국에서 성실히 로펌을 운영하고 있으며, 아시아로 확장의 기반을 다졌다. ○씨가 바쁘게 움직이며 큰 성과를 내는 동안 여러 가지 소문이 돌았지만, 늘 유쾌하고 바른 그의 모습에서 어려움을 읽어낼 수는 없었다. 그러나 학교법인을 운영하는 재단 이사장인 아내와 트러블로 오랫동안 별거 생활을 하고 있었다. 그들의 내막은 아무도 모르지만, 친한 친구에게 어려움을 호소하면서 술을 마시기를 몇 년째였고, 상담에 이르렀다. 그러나 늘 반듯한 모습으로 아무 일 없는 밝은 모습으로 완벽한 생활을 해온 그가 미술심리 상담에 임했을 때 쉽게 자신의 나약한 모습을 보이지 않았다. 그는 도움이 필요한 것은 사실이다. 그와 함께 처음 그린 그림은 관계에 대한 그림이다. 동그라미와 세모로 관계를 알아보는 그림인데, 동그라미는 여자이고 세모는 남자이다. 처음에는 서로가 얽히고 복잡한 관계가 드러나며, 등장인물이 다소 많은 그림을 그렸는데, 갑자기 무슨 생각이 든 표정을 지으더니, 다시 그리겠다고 하여 새로운 종이에 가장 이상적인 모습의 가족을 그리기 시작했다.

세모와 동그라미가 서로 만나 얽혀있는 관계는 그리 좋은 관계가 아니다. 많은 사적인 감정과 부분에까지 침해를 가하는 그림으로 해석된다. 처음 그림에는 아내로 보이는 큰 동그라미와 자신으로 보이는 큰 세모가 서로 얽혀있었고, 상대에게는 서로 다른 이성이 붙어있었다. 이것은 자녀는 아닌 듯 보이는데 그 아래로 자녀로 보이는 작은 세모와 동그라미가 나란히 있었기 때문이다. 위로는 양가의 부모들이 자리하고 있어 그 복잡성을 말해주는 데 반하여 두 번째로 그린 그림은 적당한 거리를 두고 서로 떨어져 있다. 그것은 부부로서도 매우 이상적인 거리로서 서로의 삶을 존중해 주며 함께 나아가는 모습이었다. 상이하게 다른 그림은 ○씨의 사회적 가면이 매우 커서 자신을 깨기 힘들다는 결과로 나아갔다. 자신의 가정이 흔들리고 실제로 정서적으로 도움이 필요한데 감추고 있는 모습이다. 이렇게 본질에 다가가지 못하는 이성은 형식적인 부부의 모습을 지탱하고 있을 뿐으로 비극은 지속될 뿐이다.

여기서 중시할 점으로 ○씨는 처음 그림을 그리면서 바로 이 미션을 파악했다는 것이다. 사회적 가면이 발달한 사람일수록 상황판단이 빠르고 대처해야 할 행동 양식이 매우 탁월하다. 임기응변일 수도 있으며, 재능일 수도 있지만, 현실에서는 관계의 바람직함을 위해 사용할수록 좋지만, 본질을 회피하기 위해 사용한다면 문제는 눈덩이처럼 커져갈 뿐이다. 그는 현재 왜곡(distortion)을 할 수도 있으며, 더 나아가 현실을 부정(denial)할 수도 있다. 본질을 회피하고 나은 모습으로 왜곡하는 것이 본인에게 유리한 작용을 한다는 것을 많이 알고 있기에 도움을 줄 수 있는 대상에게까지도 왜곡된 모습을 보여주려 한다. 이러한 관계는 진실이 없는 거짓으로 느껴질 수 있어 가장 사랑하는 아내나 자녀에게 취하면 안 되는 태도이다.

문제의 본질에 깊숙이 들어가기 위해서는 자신이 본 모습을 바로 보고 성찰의 시간을 갖기를 권한다. 친밀함은 바닥이 나타나고 그곳에 진심을 담은 이야기가 오갈 때 생겨날 수 있다. 설령 바닥이 드러나는 것을 수치스럽게 생각하는 관계라면 친밀함은 포기해야 한다. 그런데 아내 조차도 이런 본모습을 나누기가 어렵다면, 관계의 허상과 스스로의 불안은 지속될 수 밖에 없다. 아내는 완벽한 모습을 보여주는 대상이 아닌 서로 기대어 갈 수 있는 관계로 자녀를 위해서라도 진실함을 나누고 유지해야 한다. 정서적 신뢰(Emotional Reliance)는 Ryan, La Guardia, Butzel, Chirkov와 Kim(2003)의 연구에서 시작되었다.[56] 정서적 신뢰는 정서적 지지가 이루어지는 상호작용 속에서 함께하는 것으로서 관계에 따른 개인차가 존재하기는 한다. 그것은 정서적 신뢰에서 기본 심리적 욕구 충족이

56) Ryan, R. M., La Guardia, J. G., Butzel, J. S., Kim, Y., & Chirkov, V. (2003). Emotional reliance across gender, relationships, and cultures: The self-determination of dependence. Unpublished manuscript, University of Rochester.

높을수록 관계 내에서 의지고 싶어 하는 마음이 더 든든하게 형성된다. 기본 심리적 욕구를 연구자들은 세 가지로 이야기했는데 자율성, 관계성, 유능성으로 정의하였다. 이 세 가지가 충족될 때 더 끈끈한 관계와 믿음이 형성되며, 심리적 '안녕감'을 얻게 된다고 보고한다. 위장을 통한 완벽은 거짓을 보이게 되고 자율적이지 못한 가상의 그, 그녀를 만들고, 신뢰의 관계를 형성하지 못한다. 심리적 안녕감은 박탈이 될 것은 뻔한 결과이므로 좋은 부부의 관계가 성립될 수 없다. 더욱 신뢰할 수 있으려면 서로에게 진실해야 함은 기본이 아닐까 한다. 가족은 사업(Business)이 아니다.

6) 직원들에 대한 경계를 가진 CEO

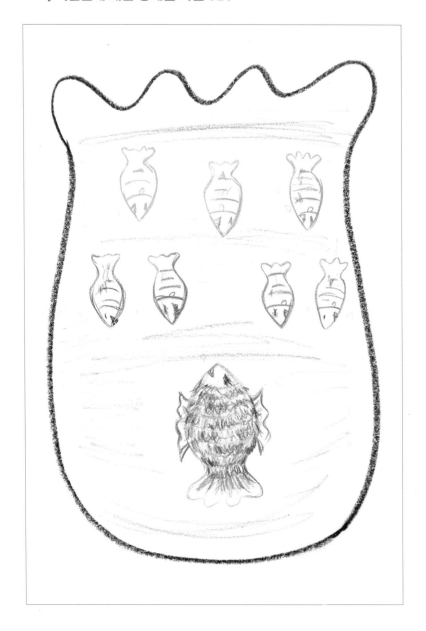

앞 장의 그림은 작은 학원을 운영하는 여성 CEO의 그림이다. 국내 우수한 대학에서 박사학위를 취득한 J 대표는 비교적 큰 학원을 인수하여 새롭게 선생님들과 시작하게 된 순간을 그림으로 표현하였다. 현재 2년 차에 접어든 학원은 안정적으로 잘 운영되고 있었다. J 대표의 그림은 첫 회의시간에 많은 선생님과 접점을 찾아 의견을 나눌 때 떨리던 순간이라고 하였다. 실제로 자신을 매우 크고 화려하게 그렸으며, 자신감에 차 있기는 하지만 날카로운 눈매와 여러 색의 다양한 교사들, 날카로운 입 모양을 보면서 자신에게 적대감이 생기지 않을까 걱정하는 모습이 나타나고 있다. 스스로 위치를 아래에 그린 것을 통해 심리적 위축감을 설명할 수 있는데 상대적으로 큰 몸집이라 하여도 자신이 아래에서 위를 올려다보고 있으며, 교사는 위에서 아래를 내려다보면서 적대적 관계로 그려졌다. 인수 이전에 상황이 어떠하였는지, 원장과 교사의 관계가 어떠했는지는 모르나 새롭게 정비를 한다고 하더라도 기존의 교사들이 많이 남은 상황에서 원장의 위축감은 상당히 있었던 것으로 해석되어 진다.

어항 물고기 그림은 그림을 나타내는 당시의 상황을 잘 드러내 주는 그림검사이다. 어려운 선택으로 학원을 새롭게 운영하는 J 대표는 자신감도 크고 자신에 대한 실력도 상당히 좋다는 자부심을 가지고 있었지만, 다수의 선생님과의 대치 상황에서 이들을 사로잡을 어떠한 준비가 필요했으리라 보인다. 그는 자신의 실력을 바탕으로 탁월하게 선생님들과 지내고 있지만, 늘 그들과 대치해서 이끌어가야 하는 부담감을 현재도 지니고 있는 모습이다. 예전보다는 나아졌지만, 이러한 부담감을 털어냈다면 그림은 변했을 것이다. 시간이 지난 현재에 과거의 상황을 그렸다고는 하지만, 지속적인 관리는 변함이 없으므로 심리적 부담감은 그대로 가지고 있는 것이다.

그림을 통해 자신의 심리를 마주 바라본 J 대표는 자신의 크기를 줄일 필요성을 깨닫게 되었다. 큰 존재, 낳은 존재로서 사람들과 대치하기보다 자신의 이끌어가려는 비전을 사람들에게 심어주고 함께 나아가는 방향으로 경영의 자세를 바꾸었다. 시간이 지날수록 스스로 느끼는 부담감을 내려놓게 되었다고 토로하였고, 이제는 작은 대화로도 교사들이 따라오는 것을 이야기하였다. 쉽게 변하지 않지만, 자신에 대해 인식하는 것만으로도 자신의 두려움을 털어버릴 수 있다는 것을 나타내주는 사례이다. 그동안 J 대표는 합리화(rationalization)의 방어기제로 잘 지내고 있다는 태도를 일관하며 불안을 극복했던 모습이다. 현재 마음속에 숨겨진 자신의 불안을 그림에서 드러냄으로써 좀 더 편안해진 마음이 되었다.

2. 중간관리자

팀원을 이끌어가는 리더 역할로서 대표이사 아래의 각 부서의 장들은 중간관리자에 해당한다. 이들은 상급관리자에게 관리책임을 가지고 보고를 하는 중요한 역할을 수행한다. 이들은 그야말로 중간에 끼어있는 모습이다. 아래로 직원들과 함께 일들을 진행해야 하는 데 따른 통솔력과 관계유지 능력을 지녀야 하고, 위로는 상급자의 운영에 관한 전반적인 이해를 얻어 일에 반영해야 한다. 일의 진척이 늦어지면 업무에 방해가 되는 요소들을 빠르게 파악해야 하며, 대처방안도 준비해야 한다. 최고경영자가 큰 그림을 보면서 진행을 할 때 중간관리자는 그 흐름을 직원들에게 전달하는 능력이 탁월해야 한다. 같은 큰 그림을 볼 줄 알아야 하고, 또한 세부적인 풀과 나무, 길들을 파악해야 하는 두 가지를 동시에 볼 수 있어야 한다. 그러기 위해서는 두 배로 움직이며 관찰하고 연구하며 일의 내용을 깊게 파악해야 한다.

1) 자신의 위치와 특성을 그대로 나타내는 중간관리자

위의 그림을 그린 리더는 미술을 좋아하는 예술적 감각이 뛰어난 리더이다. 대표이사를 제외하고 직급이 가장 높은 이사로 실질적인 회사 운영을 주도하는 위치에 있는 사람이다. 숲속 왕의 생일잔치를 주제로 신중한 그림을 그려냈다. 색상은 진하고 간결하며 분명한 표현을 하고 있으며 나무가 웃고 있는 재미난 요소도 있다. 다양한 특징을 가진 동물들의 뒷모습을 통해 그들이 무엇을 향하고 있는지 알 수 있다. 노랗고 주황의 불빛은 회사의 대표를 나타내고 있다. 그는 활활 타오르는 불로서 지적인 우두머리로 표현한다. 그가 누구인지 나는 본적이 없으나 상당한 지성인으로서 타인의 우상이 될 만큼 좋은 책을 만들어 냈으며 많은 연구를 하는 존경받는 인물로 해석된다. 직원 모두는 대표에게 거는 존경과 희망, 바람이 많은 것으로 해석할 수 있다. 어두운 숲속에 밝은 빛을 품어주는 불빛은 희망과 존경, 지지의 상징이기 때문이다.

바로 옆에는 독수리가 있는데 무서운 눈빛을 하고 있다. 이 독수리가 바로 그림을 그린 주인공 리더이다. 리더는 사실 최측근의 정보력이 필요한데, 직원들과 함께하면서 그들의 이야기를 전해주는 사람들이 존재하는 것으로 해석된다. 독수리 바로 앞에는 쥐 두 마리가 있다. 쥐는 날카로운 앞니로 작은 구멍을 드나들며 어디로든 다닐 수 있다. 쥐는 염탐을 하는 존재로 이 그림에서는 해석이 되지만, 사실 큰 힘은 없는 작은 존재들이다.

리더는 중간관리자로서 대표이사 곁에 가깝게 있지만, 심리적으로 중요한 인물이 되기 위해서 날카로운 눈으로 상황을 살피는 모습이다. 또한, 직원들은 매우 순하고 착하게 그려져 있다. 직원들을 관리하는 중간관리자로서의 업무 수행을 잘 하고 있는 것으로 해석된다. 날카로운 매의 눈으로 살피는 자신의 위치를 그림으로 잘 나타내고 있으며 도움을 주는 작은 존재인 쥐들도 그림으로 잘 표현하고 있다. 중간관리자는 날카로운 눈도 있지만, 부리와 발톱도 가지고 있다. 일의 진척된 상황이나 보고서의 중요한 부분을 잘 캐치해 내는 훈련을 받은 것으로 해석되며, 그러해야만 하는 자신의 역할을 잘 인식하고 있다. 그러나 실질적인 일은 직원들이 하며 자신은 관리를 하고 견제하는 역할에만 치중하는 것은 아닌지 살펴보길 권한다. 존경받는 인물이 대표이사로서 커다란 존재감을 나타내는 반면에 자신은 어떤 모습으로 비칠까를 고민한다면 날카로운 일의 지적과 감사도 좋지만, 스스로 일을 추진하고 많은 성과를 이루어내는 솔선수범을 보인다면 더 멋진 대표리더로서 성장할 수 있을 것으로 이야기해주고 싶다.

2) 귀여운 팀장님은 우리 편

위의 그림은 중간관리자를 많이 사랑하고 아끼는 마음이 잘 드러나는 평직원의 그림이다. 호랑이 임원의 쓴소리를 커다란 몸짓으로 막아주고 있는 팀장님을 그렸다. 사내에서 진정한 왕은 중간관리자인 친밀한 팀장님으로 느끼고 있음이 드러난다. 평사원이 바라본 중간관리자는 고위관리자의 험한 소리를 뒤로하고 슬픈 표정을 하고 있지만, 누구보다 든든히 팀을 이끌어가고 있는 묵직하고 중후한 코끼리이다. 파란색은 평화를 상징하면서도 우울함을 나타내고 있는데, 그 표정에서 팀장님의 힘들고 어려운 역경을 잘 드러내고 있다. 팀장님이 우리의 편에서 일하고 있고, 우리를 보호해 주는 역할을 한다는 것으로 해석되는데, 그것은 코끼리 팀장님의 방향이 팀원들을 향해 있기 때문이다.

방향은 상당히 많은 의미를 나타내고 있는데 서로 마주 바라보고 있다면 심각한 대립을 의미하지만, 옹기종기 모여 있다면 담합을 의미한다. 반대로 바라보면 서로의 의견은 심하게 틀리고 의가 상해 있다는 의미이다.

임원들은 날카로운 치아를 드러내는데, 상당히 험한 말도 곧 잘하는 표현으로 해석된다. 눈초리가 매서운 임원들과 직원들이 대치하는 구조로 그렸는데 압력을 가하는 모습과 달리 직원들은 생일을 축하하며 즐거움에 가득하다. 그러나 피상적으로 직원들은 손과 발, 몸이 없다. 임원과 팀장은 정상적으로 몸의 형태가 다 드러나있다. 이러한 그림의 차이는 자유로운 활동을 의미하며, 얼굴만 있는 그림은 형식적인 표현으로 자유롭지 않은, 소속감이 상대적으로 적은 것을 의미한다. 중간관리자는 왕관을 쓰고 있고 새들은 옆에서 노래하며 생일을 축하하는 반면 임원의 눈치를 보는 팀장님은 직원들의 왕이 되고 있다. 리더의 특성이 잘 드러나는 그림이다.

심층적 해석은 할 수 없는 것은 그림을 그린 이와 깊은 대화를 나눌 수 없는 상황이었기 때문이다. 모든 그림은 해석이 가능하지만, 처음 미술심리에서 이야기했듯이 그림을 그린 이의 의견이 매우 중요하다. 일반적인 해석과 달리 다른 생각으로 그림을 그렸을 수도 있기 때문이다. 모든 그림과 색에는 양가감정이 함께 있으므로 어떻게 해석되는지는 그리는 이의 의도를 심층적으로 알 수 있는 면담이 중요함을 강조한다.

3) 평화주의자 리더

이 그림의 주인공인 중간관리자는 대학부설병원의 센터장이다. 운영을 총괄 담당하는 교수가 별도로 있으며 중간에서 센터를 이끌어가는 리더로서 책임자의 역할을 겸하고 있다. 산을 오르는 그림이 주제였는데 자신의 역할에 대한 충실함을 그림에 잘 표현하고 있다. 실제로 남자 하나가 언덕을 오르고 있다. 앞서 최고 관리자 편에서 "1) 목표지향이 강한 CEO"와 같은 주제였으나 그림은 완전히 다르다.

이유를 살펴본다면 첫 번째, 직위에 따라 그림의 형태가 다를 수도 있다. 평소 최고 관리자의 목표는 매우 뚜렷하고 정상을 향한 신념이 가득하기 때문에 산 정상으로 가는 전체를 그린 것이다. 그러나 중간 관리자로서 현실적인 일들을 처리하는 센터장은 소소한 일들을 헤쳐 나가는 현실의 나무들을 그렸다. 이것은 다시 말하면 산 전체를 보는 눈이 부족한 것일 수도 있으므로 수시로 전체 그림을 보도록 노력해야 한다. 센터장도 리더이기 때문에 자신을 따르는 직원들이 세부적인 일 처리도 중요하지만, 승진이나 기타 업무의 증진을 위해서 나아가야 할 목표 안내도 센터장에게 기대하기 때문이다.

두 번째는 성향에 따라 다르게 나타나는 것일 수도 있다. 앞서 목표지향이 강한 CEO는 현실적으로 매우 부지런하며 성과를 내고 성취를 하는 것에 익숙한 사람이다. 그것은 오랜 시간 같은 모습으로 지내온 성향이 반영된 것으로 해석되며, 이 그림의 센터장은 느긋하고 평온한 현실을 즐기는 노력형의 성향이다. 한발 한발 조심스럽게 걷는 발걸음을 좋아하고 신중하게 일구어 가는 꽃들을 사랑하며 푸르게 자란 나무 한 그루 한 그루에 애착이 있는 사람이다. 이런 성향의 사람에게 목표를 향해 나아가길 다그친다면 매우 부담을 느낄 수 있다. 작은 일 하나하나에 정성을 들이는 성향이므로 일 처리는 완벽할 것이며 다소 느리더라도 열매를 맺는 성향이다. 그림에 꽃을 많이 그렸는데 이 것은 노력에 의한 성과를 상징한다. 꽃을 피운다는 것은 정성이다. 꽃 이 즐비한 언덕을 올라가는 사람의 발걸음은 빠르지 않다. 주변인들은 이러한 성향을 이해하고 맞춰주면 센터는 좋은 성과를 낼 수 있다. 성 실하고 신의가 있는 사람이기 때문이다. 다만, 그림에서 새가 한 마리, 사람도 한 명, 다람쥐도 한 마리이다. 이것은 매우 외롭다는 표현이다. 짝을 찾아주면 좋을 것으로 해석된다.

이렇게 느긋한 면을 많이 가지고 있으며 Freud의 방어기제로 평화 를 유지하고 싶어 하는 마음속 갈망이 억압(repression)으로 나타난다. 자신의 불편한 감정을 누르는 모습을 가지고 있으며, 어느 정도의 억 압으로 화가 가라앉지 않을 때는 표현으로 표출하는 행동화(acting out) 를 방어기제로 가졌다. 자신의 마음을 알아주는 동료가 현재 그림에 없지만, 친밀한 동료가 있다면 행동화로 나타나는 불만을 토로하면 좋 다. 그러나 불편한 대화는 길지 않는 것이 자신을 위해서 좋으므로 줄 여가는 것이 리더로서 조직에 긍정적인 영향을 줄 수 있다. 불편한 감 정을 처리하는 것은 알아주는 친밀한 사람에게 털어놓는 것이 가장 좋 지만, 그 횟수는 적정해야 한다. 그러므로 억압으로 감정을 누르지 말 고 불편을 주는 대상에게 적시에 적절하게 말하도록 한다면 가장 이상 적인 자신이 될 수 있다.

평화를 선호하는 마음과 상대방의 나쁜 점을 지적해야 하는 마음이 내면에서 충돌하기 때문에 억압이 진행되고 억누르는 것이 포화되면 터져 나와 행동화로 이어지는 것이다. 지적하는 것은 리더가 가져야 할 자질일 수 있다. 왜냐하면, 직원들을 끌고 앞으로 나아가는 조직에서 이탈이나 누락자, 어긋나는 사람 없이 하나로 뭉쳐서 힘을 내게 해주는 역할이 중간관리자의 몫이기 때문이다. 그러므로 불편한 일이 생기면 스스로 억압을 가하지 말고, 그 즉시에 풀어가도록 권하고 싶다.

4) 중간관리자가 바라는 진정한 대표 리더

이 그림은 어느 중간관리자가 진정한 리더의 생일 축하를 그린 그림이다. 나이가 제법 있는 그는 여러 사람과 함께 하는 것을 선호하며 다방면에 걸쳐 친분이 가장 중요하다고 강조하는 M 부장이다.

그는 가운데 오리를 그리고서는 동물 중의 왕이라고 표현하고 있다. 가장 높은 곳에서 밝게 웃는 옆모습의 오리는 초록색의 깃털과 하트를 가슴에 품고 있다. 해가 그를 뒤에서 밝게 비추고 있다. M 부장은 대표가 되는 진정한 리더는 낙하산이 아닌 어려움을 몸소 극복하고 화려하게 날아오른 안데르센 동화에 등장하는 '미운 오리 새끼'라고 말한다. 가진 것도 없고, 잘난 것도 없는 미운 오리는 자신의 진정한 능력을 찾아 날아오르는 백조가 되는 것이다. M 부장은 부단한 노력으로 이룬 성공이 진짜 성공임을 강조하면서 자신의 모습 또한 부단히 갈고 닦는 것을 느낄 수 있었다.

그림 전체를 지배하는 색은 주황색이다. 주황색은 활동성을 강조하는 색으로서 많은 행동, 많은 일의 수행을 나타내는 색이기도 하다. 다방면에 걸쳐서 많은 사람과 만나기를 희망하고 중요한 정부처에 스스로 다니면서 터득하고 알아가는 사람들이 선호하는 색이 주황색이다.

그림 속에 동글동글한 표현은 머리를 나타내고 있는데, 여러 곳의 사람들과 소통하기를 즐긴다는 M 부장은 함께 할 때 시너지가 나타남을 강조하였다. 부탁을 받으면 마다하지 않으며 적극적으로 나서는 모습에서 진정한 리더가 되기를 꿈꾸고 있음을 알 수 있다.

3. 사원

Lodging a formal complaint is definitely a last resort.

형식적인 불평을 하는 것은 분명히 최후의 수단이다.

- Manfred F. R. Kets de Vries

1) 나는야 밀레니얼

밀레니얼 세대는 청소년 때부터 인터넷 및 모바일 사용, 소셜네트워크서비스(SNS) 등의 사용을 즐기는 세대이다. 이들은 정보 속에서 살아가고, 정보를 전파하는데 뛰어난 세대이다. 평직원의 회의 그림은 마치 "나는 밀레니얼 세대입니다."라고 발표하는 듯하다. 동물협회는 정기회의를 개최하고 동그란 원탁에 모여 앉아있다. 거북이를 비롯하

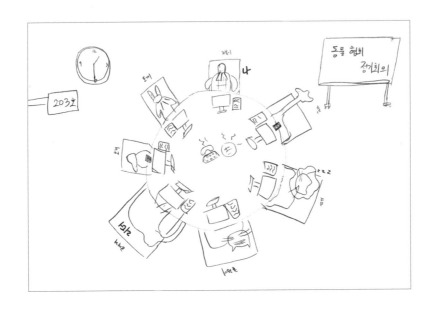

여 크고 작은 동물들이 비슷한 크기로 앉아있는 마치 비치 해변에 선
탠을 즐기는 듯 누워있는 것 같은 모습이다. 매우 편안하게 보이는 동
물들은 눈과 코와 입이 없다. 얼굴 안에 들어 있는 눈과 입과 귀는 소
통을 상징하는 그림으로 이것을 그리지 않는 경우는 직접적 대화가 일
어나지 않는 것으로 해석된다. 회의실에서 대화가 일어나지 않는 것은
상상하기 어려운 일이다. 그러나 동물들 각자의 앞에 컴퓨터가 한 대
씩 놓여있다. 그림을 그린 사원은 입사 2년 차 평사원이다. 그는 그림
을 설명하면서 각자 앞에 놓은 컴퓨터를 통하여 회의를 진행하고 있다
고 설명했다. 밀레니얼 세대에 해당하는 그는 이 회의 장면을 매우 멋
지고 세련된 방식으로 여기고 있었다. 참여자들이 회의 그림을 그린

상황에서 어느 누구도 컴퓨터로 회의를 진행한다고 생각하지 않았다. 면 대 면을 마주할 때의 회의는 직접적인 발표 내지는 의견 나눔이 맞는 것이 아닐까 하지만, 실제적인 대화보다 컴퓨터 자판과 모니터로 이야기를 나누는 것이 훨씬 편리하다고 그는 이야기한다. 앞으로 회의는 이렇게 바뀔 것이라는 자부심으로 그림을 그린 밀레니얼 세대에 속하는 평사원의 그림이다.

여기에서 독특한 특징을 볼 수 있다. 밀레니얼 세대는 감정을 읽을 수 있는 표정을 보지 않아도 되는 것이다. 전화통화 보다 문자나 SNS 대화를 더 선호하고, 자주 만나는 것을 부담스러워 함을 알 수 있다. 밀레니얼 이전 세대는 만나서 이야기하고, 전화 통화로 확인, 또 확인해야 마음이 편안하다. 그것을 일의 전달이 잘 되어있는지에 대한 확신으로 볼 수 있다. 밀레니얼 세대는 움직임을 가장 나중에 준비가 되면 하고, 그 이전에는 SNS 메시지와 검색으로 최대한 준비한다. 앞으로는 더 이렇게 소통법이 바뀔 것으로 예측해본다. 실제로 사무실에서 대화를 전혀 하지 않고, SNS톡 만으로도 대화를 하는 곳이 많이 있다. 여기에 끼지 못하면 낙오되기도 한다. 대화 없는 사무실이 늘어가고 있다. 이것을 옳다 그르다 평가하기 이전에 자연스런 현상으로 받아들여야 한다. 그 안에서 관계조절을 시도해야 한다.

2) 신입사원이 바라보는 관리자

이 회사의 대표는 바로 나라는 것을 그림을 통해 쉽게 알 수 있다. 가운데 아주 커다란 크기를 차지하여 그려져 있으며, BOSS라는 표시도 해두었기 때문이다. 검지를 치켜 올리며 무엇인가를 강조하고 있는 대표는 표정에서도 다부진 결의를 발표하는 섯으로 보인다. 이 그림은 회의 장면을 그린 것이다. 회의의 주요 핵심은 대표가 상명하복식으로 내용을 전달하는 느낌이 매우 강하다. 전구 모양은 아이디어를 말하며, 무엇인가 새로운 생각이 떠올랐을 때를 나타내는 상징이기도 하다. 번뜩이는 생각을 열심히 피력하는 대표님의 주변으로 재미난 모습의 다양한 동물들이 존재한다.

동물은 색채처럼 각자 나름의 이미지를 가지고 있다. 동물에 따라서 느껴지는 일반적인 생각이 그 대상을 나타내고 있음을 알 수 있는데, 각각의 동물은 긍정과 부정의 의미를 동시에 가지고 있다. 해석은 그린 이가 표현하고자 하는 것을 중점으로 하며, 나타난 이미지의 표정, 동작, 행동을 포함하여 같이 해석한다.

뱀은 이브를 꼬드겨 선악과를 아담과 함께 먹도록 만든 나쁜 이미지를 가지고 있지만, 그의 혀는 상당히 교활할 수도 있고, 상황에 따라 지혜로울 수도 있다. 성경에도 뱀의 혀와 같은 말솜씨를 인용한 구절이 있는데 그림을 그린 신입사원은 뱀을 '악의 무리'라고 표현했다. 직원들 간의 안 좋은 이야기를 대표에게 살짝 전하는 이미지로 나타내고 있는데, 실제로 이러한 염탐꾼에 해당하는 직원을 그렸다고 하였다.

원숭이는 억울한지 두 팔을 올리고 인상을 쓰고 발을 구르고 있고, 원숭이, 물고기, 닭, 쥐인지 곰인지 모를 작은 동물이 모두 놀란 표정과 행동으로 대표를 향해 있다. 나는 곰처럼 생겼지만 작은 몸짓을 한 쥐처럼 그렸는데, 실제로 자신의 내부는 곰과 같으나 현실의 상황은 '신입 사원'이므로 쥐와 같은 신세라는 비유적 표현이 들어있음을 알 수 있다.

'나' 위에 '내 사수'는 코뿔소로 그리고 있는데 무척 씩씩거리는 표정과 표현을 하고 있다. 기분을 곧바로 드러내는 사람처럼 표현이 되어 있으며, 공격적인 성향을 가진 것으로 해석된다.

가장 위에 '파트장님'은 말처럼 생겼으나 사슴 문양을 하고 있다. 다소 긴 키의 외모로 씩씩거리기는 하지만 공격적이거나 위협적이지는 않다. 대표의 회의 내용으로 모두 긴장하고 있는 모습이 역력히 나타나고 있다. 회의의 상황을 그대로 드러내고 있으며, 마치 드라마의 한 장면처럼 역동적이고 개성을 지닌 직원들이 한곳에 모여 흥미진진한 모습을 잘 보여준다.

신입사원은 이렇게 감정적으로 숨김이 없으며, 느낌을 그대로 나타내어 행동에 반영된다. 대표의 회의주도가 심리적으로 크게 느껴지며 그로 인해 부서가 심각한 영향을 받음을 알 수 있다. 이것은 신입사원이 바라보는 회의 모습이라는 것이 주요한 포인트로 각기 근무연수와 직급에 따라 같은 회의를 바라보는 입장은 다르게 그려질 수도 있다. 입사 후 초기에 회의는 늘 부담으로 작용 되는 것을 그림에서 읽어볼 수 있다.

3) 회의는 즐거워

    부산에서 사는 경력 1년 차 직원의 그림이다. 회의의 주제는 회식 메뉴 선정으로 일에 대한 스트레스나 위계에 대한 심리적 부담감이 몹시도 적다. 듬직하고 즐거워 보이는 이 청년은 회식에 대한 애착이 큰 것인지, 회식 문화를 즐기는 부서에 소속된 것인지 알 수는 없으나 우리나라 직장인의 업무 연장은 회식이라는 것을 느낄 수 있다. 리더부터 시작해서 모든 직원이 무엇을 먹을까에 대한 심각한 고민을 가지고 즐겁게 회의에 임하고 있다. 그림에는 항상 양가감정이 들어있다고 했는데 원래 심각한 회의를 지속한 이후에 다가오는 회식으로 그 힘듦을 상계하는 것을 나타내는 것일 수도 있다. 다만 이 청년은 회사에 잘 적응하고 있으며, 부서 내에서 유난히 힘든 직원이 없는 원만한 관계를 가진 것으로 해석된다. 이유는 동그란 원탁에 옹기종기 둘러 않은 모습과 동물들의 크기가 리더를 제외하고는 비슷하기 때문이며, 밝게 웃는 동료들의 표현이 많음에서 알 수 있다. 지면을 가득 메운 직원들은 위축됨이 없으며 리더는 적극적으로 회의를 진행하고 있는 모습이다.

다만, 한가지 리더의 진한 싸인펜 선 아래로 흐릿한 연필 선의 작은 동물이 보인다. 이것은 초안을 그릴 때 동물과 리더가 같은 크기 였다는 것을 알 수 있다. 이후 진한 선으로 마무리 할 때 리더가 커졌다. 사실 미술심리 세미나에 리더가 함께 왔었고, 그리는 과정에서 의식적으로 크게 바꾼 것이다. 이 신입사원은 리더에 대한 존대감이 실제로 그리 크지 않지만, 예우상 크게 그림으로써 자신에게 리더에 대한 팔로워십(Follwership)을 만들어가고 있는 모습이다. 수정 및 지우는 행동은 갈등이 있는 것으로 해석 할 수 있다. 직장에 적응하기 위해 리더를 따르는 마인드를 만들어가는 것으로 보인다. 또한 자신은 이러한 분위기를 만족하고 있다. 자신을 정면으로 그리지 않고 뒷모습으로 그린 것은 '회피'의 의미를 담고 있으나 눈과 귀, 튀어나온 입 등은 소통에서는 자신도 기억하는 것을 그리고 있다. 아직 1년 차로 회의에 주체가 아닌 존재로 뒷모습을 그린 것으로 해석할 수 있다. 다른 구성원들의 밝은 토론 모습으로 보아 회의가 즐거운 이 청년은 회사에 잘 적응하고 지낼 것으로 예상할 수 있다.

4) 우리들은 좋아요

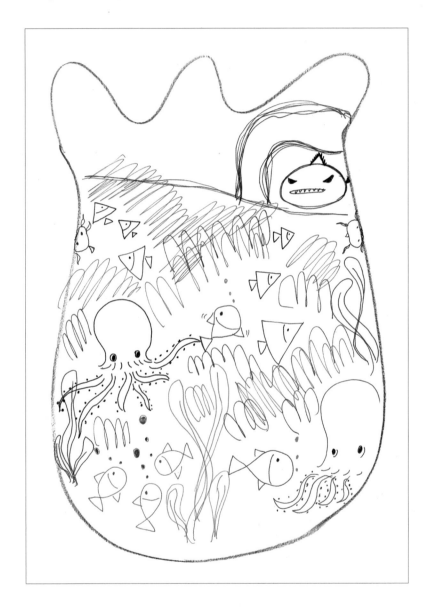

위의 그림은 직장의 환경을 그려낸 입사 3년 차 평사원의 그림이다. 어항의 제일 위에 날카로운 이와 뿔을 가진 무시한 상어가 회사의 대표로 나타나고 있다. 크고 작은 물고기들이 물결 사이사이에 옹기종기 존재한다. 빨간 동그라미 안에 미술심리 상담을 왔던 절친한 동료 3명과 서로 긴밀한 이야기를 나누며 직장생활을 하고 있다.

바로 위에 문어는 부서장인데 비교적 큰 직위를 맡고 있는 모습으로 문어발식 경영을 떠올린 듯 많은 일을 벌이고 관여하는 직급을 나타내고 있다. 문어는 절친 3명 물고기를 내려다보고 있는데 관리 및 감시를 하는 느낌이 들게 다리를 벌려 그들 위에 존재한다.

그림에서 상하 구도는 지배를 뜻한다. 실생활에서도 부장이 사원 위에 서열인 것과 같다. 해초가 물고기 양옆으로 존재하는데 이것은 실제로 물고기의 이동을 방해하는 존재로서 돌무더기와 함께 어려움을 뜻한다. 실제로 물고기가 돌이나 해초를 들어 옮기면서 자신의 상황을 안락하게 만들 수 없는 것과 같은 이치로 해석하면 된다. 불편한 환경을 그리고 있다.

그 옆에 다른 문어는 그림을 그린 이의 부서장과 같은 직급을 가지고 있다. 한 마리 물고기가 와서 물방울을 뿜어대며 보고를 하고 있는데, 실제로 상사에게 잘 보이기 위하여 내부에서 일어나는 이야기를 전달하는 존재라고 설명한다. 다른 세모 물고기들은 이들이 직접 대면하기 힘든 존재들로 직원들이 매우 많은 큰 회사이다. 3년 차 직원들이 이러한 상황을 실제로 감각적으로 느끼면서 셋이 똘똘 뭉쳐서 잘 지내고 있다고 이야기하였다. 이들 직원은 눈치와 정보가 빠르며, 친밀감을 잘 조성하고 있고, 일을 하는 데 있어서 서로 의지가 잘되는 모습이다. 직급과 서열에 따라 위압감과 일에 대한 분주함을 가지고 있지만, 이들의 사회적 대처능력이 좋아 무난히 지내고 있음을 이야기하고 있다. 동료들과 잘 지내는 것 또한 직장인이 갖추면 좋은 자질이라는 것을 그림이 적절히 표현하고 있다.

5) 늘 긴장하고 있어요

그림을 그린 이는 직장경력 5년 차의 직원이다. S 대리는 경력이 많으면서도 생각만큼 활발히 일이 진행되지 않는 듯 매우 경직된 표정을 하고 있다. 심리적 긴장은 잘하고 싶은 마음의 발로일 수도 있고, 회사의 분위기가 몹시도 엄한 것일 수도 있다. 동물 왕의 생일잔치인데 많은 음식이 차려져 있으나 바라보기만 할 뿐이다. 즐거운 표정의 동물들이 하나도 없이 그림의 떡을 바라보는 느낌의 표정이다. 착한 동물들이 많이 있는 것은 주변에 착한 동료가 많다는 것으로 해석이 되는데 이들의 눈동자 또한 무엇인가 불안한 듯 떨리고 있다.

주인공 고양이의 눈동자는 사실 처음에 매우 불안한 듯 떨리는 모습으로 구불구불 그려졌는데 그림을 그리던 도중에 S 대리가 스스로 자각하고 확고한 눈동자로 진하게 다시 그려 넣었다. 의도하지 않게 그려진 것에 몹시도 당황하였는데, 스스로 자각하는 것은 상당히 현실감각이 있는 모습으로 긍정적이다. 진하게 그려 넣은 눈은 확실한 신념을 가지기 위한 과정으로 해석해 볼 수 있다. 일에 대한 긍정적인 마음은 있으나, 이것을 실현하기 위한 롤모델이 없어 불안정한 마음을 감출 수 없는 것이다. 경직된 모습에서 조금이나 자유로이 자신의 잔치상을 즐기려면 도움을 받을 수 있는 선배나 롤모델을 만들면 좋다.

일의 방법에서 어려움을 겪고 있는 것으로, 그림에서 손과 발이 그려져 있지 않고 수저와 젓가락이 없는 것은 실행을 위한 도구와 사용할 수 있는 방법이 부재한 것으로 해석할 수 있다.

결과적으로 일을 즐기기 위해서는 좀 더 수월한 방법론이 필요한 것이다. 뒷 배경의 산은 넘어야 할 목표, 이루어야 할 성과, 또는 힘들고 어려운 과정을 상징하며 그래도 산 넘어 밝은 해가 비추고 있다는 것은 자신을 믿어주는 가족과 희망이 밝게 존재하는 것으로 해석된다.

그림은 현재의 자기 반영이다. 환경과 상황이 바뀌고 성취가 이루어진다면 경직됨은 자유로움으로 변할 것이다. 다만, 회사의 분위기를 매우 감시와 살벌함으로 표현하였는데, 실제로 회사는 그렇게 위계가 엄한지 자체적인 성찰이 필요해 보인다. 직원의 이야기로는 대표가 바뀐 지 얼마 되지 않아서 다소 무서운 느낌이 강하다는 것이다. 새로운 변화가 직원에게는 상당한 불안요소가 되고 있음을 그림에서 알 수 있다.

6) 다른 회사로 이직할까 고민 중

이 그림을 그린 이의 동의를 얻어 그의 고백을 적어보고자 한다.

울고 있는 나는 외국계 회사에 입사한 지 1년이 조금 넘어가고 있다. 평소 친분이 있는 잠을 자고 있는 토끼 임원의 추천으로 회사에 지원하여 입사하게 되었고, 크게 문제없이 잘 지내고 있었다. 다만, 한국지사의 대표가 바뀌면서 새로운 임원 몇 명이 교체되면서 회사는 살얼음판으로 변했나. 회의를 수도하는 임원은 박쥐이다. 우리와 있을 때는 그럭저럭 대화도 유쾌하고 젠틀하다. 그러나, 회의 때는 다른 사람으로 돌변하기도 한다. 늘 말이나 언행을 조심하려 하는데 그것이 어느 순간에 일어나는 일이고, 눈치가 매우 빨라 순간 실수하는 사소한 것이 불씨가 될 때가 있다. 나는 오늘 회의에서 사소한 말실수로 혼이 났다. 토끼 임원은 잠을 자는 듯 아무런 힘이 없다. 오늘도 박쥐 임원은 침을 튀기며 무서워졌다. 회사를 이직할까 고민에 쌓여 있다.

박쥐 이사가 평소에 그렇게 모질거나 엄하지 않은데, 유독 대표가 관심을 두는 회의에서는 가끔 아주 무섭게 평가를 하여 눈물을 흘리게 한다고 이야기하는 L양은 자신을 울고 있는 강아지로 그렸다. 그 옆의 동료인 두꺼비는 화가 나는 표정으로 씩씩거리고 있으며 평소에 박쥐 이미지를 가진 임원을 이해하지 못한다.

여기에서 중요한 인물이 하나 있는데 바로 풀숲에 숨어있는 꽃게이다. 두 눈을 빼쪽하게 뽑아서 풀 밖으로 내밀어 염탐하는 인물로 뾰족한 집게발은 평소 잘못이나 지적할 것을 잘 뽑아내는 한국지사의 대표이사라고 하였다. 평사원에게는 잘하라는 격려의 피드백이나, 정정사항이 생길 때 많이 힘들어하며, 그것을 알게 되는 대표에 대하여 부담을 느끼는 것이다. 평소 지적에 대해 두려움이 있는 사람은 상사를 염탐의 대가인 꽃게로 표현하기도 한다. 자신의 심정을 그대로 드러낸 그림이다.

위의 그림처럼 자신이 속한 환경에서 직장은 위계에 따라 그림 표현이 달라지는 것을 알 수 있다. 최고경영자, 중간관리자와 달리 자신을 착한 약자로 그리고 있으며, 상사는 특정한 나쁜 이미지를 표현하는 데 중점을 두고 있다. 이것이 바로 정서의 표현인데, 평상시 느끼는 두려움, 분노, 공포 등을 간직하기보다는 이렇게 그려서 바라보면서 스스로 감정을 조절하는 통찰의 시간이 필요하다. 좀 더 성숙한 인간으로 거듭나기 위한 하나의 과정이며, 건강한 정서처리에 도움을 주는 행위이다.

그림을 통하여 카타르시스를 느끼면 이후에 자신이 감정 속에 파묻혀 힘들어하지 않고, 제삼자의 입장에 바라보게 된다. 문제를 바르게 해결하는 방법은 인지 위에 인지, 상위 인지(meta-cognition)를 활용하는 것인데, 이렇게 제삼자의 입장에서 바라보면 가장 적절하고 바람직한 행동을 하게 된다.

그러므로 미술심리를 통하여 현재 자신의 심정, 위치, 상대를 바라보는 자기 생각을 새롭게 깨닫는 것은 상당한 도움이 된다.

이 그림의 주인공 L양은 늘 남을 의지하여 직장을 옮기는 것이 습관처럼 몸에 배어 있었음을 상담하는 과정에서 스스로 알게 되었다. 환경이 조금씩 변할 때마다 적응을 위한 노력을 하기보다 좀 더 편한 곳으로 옮겨보고자 주변인을 악하게 표현하며 타인에게 확신을 얻고자 하였다. 이것은 신경증적 방어기제의 하나인 합리화(rationalization)로서 상황을 자신에게 유리하게 조작하여 해석하는 것을 말한다. 결국, 그는 계속 직장을 옮겨 다녔고, 그것이 옳지 않음을 스스로 알게 되었다. 방어기제는 자신의 습관과도 비슷하다. 지속해서 비슷한 방법을 선택적으로 사용하게 된다. 그렇게 하여 위기를 모면하고 자신을 지켰다는 안정감을 얻었다고 무의식 저편에서 신호를 보내오는 것이다. 안 좋은 습관을 깨닫게 되면 바꾸려는 노력을 스스로 하게 된다. L 양도 잦은 이직의 원인을 회사의 탓으로 여겼는데, 이번에는 자신으로 바꾸어 생각하게 되었고 조금 더 노력해보는 것으로 마음을 잡았다.

4. 청년창업

청년 실업의 문제는 현재 최고치를 나타내며 사회문제로 떠오르고 있다. IMF 외환위기 시기보다 더 높으며 전체 실업률의 두 배 이상이다. 고학력은 늘어나고 있지만, 양질의 일자리는 점점 줄어들고 있다. 고용노동부(2016)의 보고[57]에 의하면 대한민국 청년 창업지원 프로그램이 31개에 이르는 것으로 나타나고 있으며, 2019년 정부의 경제정책 방향 확정 발표[58]에서 청년창업을 위하여 10조 원 규모의 혁신모험펀드 운영 등의 개선안을 발표하는 등의 적극적인 지원을 도모하고 있다. 그에 반면 청년창업으로 성공한 사례들을 모아본다면 언급되는 회사는 많지 않다. 보세 의류사이트로 출발한 '스타일난

57) 고용노동부 (2016) 한 권으로 통하는 대한민국 청년지원 프로그램. 청년고용정책 사업 및 제도.

58) 관계부처 합동 (2018) 2019 경제정책방향. (p. 11)

다'는 최근 프랑스 화장품 기업 '로레알'에 90%가량의 대표의 지분을 4,000억 원으로 추정되는 가격에 매각하면서 청년창업의 대표적인 성공사례로 보고 있다. 30대인 대표는 창업 10년 (2015)만에 매출 1,000억을 달성하고 면세점, 백화점에도 입점한 실력을 보였다. 또 다른 성공사례로 25세에 밥버거 노점상을 시작하여 전국에 900개의 점포와 2,000억 원의 중국 진출을 눈앞에 둔 '봉구스밥버거'이다. 그러나, 현재 대표의 마약 사건과 점주들의 소송으로 혼돈을 겪고 있으며 청년창업에 대한 실패의 원인을 젊은 창업자로 꼽고 있다.

막대한 지원 규모에도 불구하고 청년창업의 커다란 성과가 나타나는 것을 기대하는 것은 시기상조이다. '스타일난다'도 성공하기까지 10년여의 노력이 필요했다. 초기에 커다란 성과를 기대하는 것과 성공의 잣대를 들이대는 것은 위험한 것이지만, 이러한 자각은 보다 둔화되고 있고 성공에 대한 기대와 부담감은 청년을 비롯하여 사회 전반에서 나타난다.

청년창업에 대한 다양한 논문과 연구기관의 보고에 의하면 실리콘밸리를 비롯하여 미국, 이스라엘, 핀란드 등의 각국에서 청년창업을 위한 지원 프로그램과 지원 규모가 커지고 있음을 알 수 있다. 외국에서는 청년창업의 성장을 초기창업에 따른 위험을 최소화하는 사회적 도움이나 제도적 장치를 갖추어야 함을 강조한다. 미국의 실리콘밸리에서는 실패경험 자체가 재산 경험으로 간주하며 이런 창업가에게 더 투자하기도 한다. 반면에 우리나라의 창업은 곧 성공으로 이어져야 하는 압박감이 큰 편으로 평가된다. 사회적으로 실패를 잘 용서하지 않는 분위기와 실패 이후 재기가 어려운 분위기도 두려움을 조성하기 때문이다. 창업의 실패가 신용불량으로 이어져 재기 자체가 어려운 현실도 있다. 창업에 대한 두려움을 탈피하기 위하여 청년들의 선택으로 인재나 전문가의 도움보다 연인, 친구, 형제를 창업멤버로 선택하는 경향이 있다.

Freeman(1999)에 의하면 창업과정에서 정서적 지원으로 가족과의 네트워크가 높은 위험부담을 감수하는 데 도움을 얻는다고 한다.[59] O'Donnell et al.(2001)도 친한 친구나, 가족, 친지 등과 같은 강한 유대관계를 형성하고 있는 네트워크를 통해서 창업 시 필요한 초기 정보를 얻는다고 하였다.[60] 창업아이템 유지 및 경험 부족의 불안, 지원 프로그램에 대한 정보공유, 외부자금 및 수익 나눔 등에 대한 생각은 친분이 많은 주변인을 창업에 동참하는 것으로 해소함을 알 수 있다. 이러한 특징이 반영된 그림을 포함한 기타 청년창업자의 그림을 소개하고자 한다.

59) Freeman, J. (1999) Venture Capital as an Economy of Time. Leenders, R. T. A. J. and S. M. Gabbay, eds., in Corporate Social Capital and Liability, Springer, Boston, MA, 460-479.

60) O'Donnell, K., F. M. Lutzoni, T. J. Ward, and G. L. Benny (2001) "Evolutionary Relationships Among Mucoralean Fungi (Zygomycota): Evidence for Family Polyphyly on a Large Scale," Mycologia, 93(2), 286-297.

1) 연인들의 창업 one

청년창업이 붐을 일으키고 있는 시대이다. 이들도 엄연히 직장의 구조를 가지고 활동하는 것을 기본으로 한다. 운이 좋아서 지원금을 받는 것이 아닌 성공적인 사업을 운영하기 위한 노력을 한다. 이전에 회사를 다녔던 경험이 그렇게 많지 않은 이들이 회사를 운영하는 것에 있어서 많은 시행착오가 있다. 소소한 부분에서 직접적인 경험을 통해 하나, 둘 알아가고 문제를 해결해 가는 것이다. 이런저런 이유로 창업자의 리더는 기업의 리더와 다른 부분이 있다. 앞서 보았던 사원이 그리는 대표는 사납고 무서우며 정보를 알려주는 주변인들도 있다. 그러나 청년대표는 일을 두 세배로 더 많이 한다. 아니 많이 할 수 밖에 없는 구조이다. 함께 시작한 동료가 고용인과 고용주의 관계가 아닌 협업과 동지의 관계이기 때문이다. 결과적으로 친분이 회의를 수다로 대신하게 하고, 일의 배분을 대표에게 몰아가게 할 수도 있기 때문이다.

앞의 그림을 그린 청년창업의 대표는 연인이 사업을 시작했다. 둘의 관계는 오래되었고 친목은 돈독하였으며 청년들의 아이디어가 돋보이는 부분이 사업의 전반에 하나둘 녹아 있는 참신한 아이템들을 가지고 있다. 이러한 것을 이루기 위해서 경험과 인력이 많은 기업이 아니므로 소소한 일거리를 부딪쳐가면서 처리해야 한다. 일이 많은 것이다. 회사가 안정적이기보다는 지속적인 확장과 투자를 거듭하는 것이 초기의 형태이므로 여러 가지 힘든 일거리들이 새롭게 생겨나고 있다. 새로운 사업을 시작하면서 이들의 연인관계는 티격태격하기 시작했다. 안정적인 처음의 모습과 달라지는 것에 불안을 느꼈을 수도 있을 것이다. 그림의 주인공은 대표를 맡은 O양의 그림이다. 사업의 확장과 함께 바쁘게 움직여야 하는 자신을 물 밖에서 다시 물속으로 들어가는 물고기로 표현하였다. 물고기에게 물 밖은 매우 위험한 곳이 아니던가. 낯설고 새로운 곳을 알아가면서 활동적으로 움직이는 자신을 표현하고 있다. 그 옆에 일에 열정적인 W 사원은 물속에서 위를 향해 알 수 없는 회오리바람을 일으키며 바쁘고 힘듦을 표현하고 있다. W 사원은 사교적인 친구이며 대외적인 일 처리를 좋아하고, 문제를 해결하는 데 능숙한 사원으로서 열심히 참여하고 있다. 아래 두 마리의 물고기는 서로를 바라보면서 지속해서 이야기하고 있다. 보이는 것처럼 둘의 관계는 대치를 이루고 있다. 이들의 관계가 불안정함에 대표 O양은 동분서주하면서도 이들을 향해 얼굴을 하고 있다. O양은 일적으로 둘에게 다 호의적이다. 둘 다 일로서는 유능함을 가지고 있으므로 중요하다. 그러나 그중의 한 명은 자신의 연인이므로 걱정이 앞서게 됨은 어쩔 수 없다.

그림에 나타나듯 어항에는 안전을 추구하는 표현이 몇 가지 있다.

첫째 깨짐을 표현하는 Z 형태의 선이다. 어항이 깨지는 것은 사업이 깨지는 것과 같은 것으로서, 이러한 불안감을 그림에 표현하고 있다.

둘째, 어항의 손잡이는 어항을 들어 올릴 때 미끄럼을 방지하기 위한 것으로 안정감을 위해 덧그린 것이다. 이것 역시 어항을 옮기다가

깨뜨릴까 두려워하는 마음의 표현인 것이다.

셋째, 어항 안에 산소를 공급하는 도구를 그렸다. 어항 안에 물고기들이 안전한 환경을 유지하기 위한 도움의 표현이다. 넷째, 어항 안에 크고 작은 돌들이 가득 들어있다. 물고기는 돌을 옮길 수가 없으며 물고기에게 검은 돌은 필요하지 않은 존재이다. 물풀과 돌은 어려움을 호소하는 것으로 해석됐다.

대표 O양은 현재 잘 진행되는 사업의 불안감을 느끼고 있으며, 안정을 원하는 마음이 크다. 처음 시작은 서로가 정서적으로 도움이 되는 친밀감을 얻었으나, 사업은 둘만의 인력으로 해결이 되지 않으니 확장되고 인원이 늘어날수록 처음과 같은 안정감보다는 서로를 위하고 있다는 확신을 지속해서 보여주어야 하는 조건으로 변하는 것이다. O양은 그림으로 현재의 마음을 표현하였고, 주변에서 이해를 갖고 노력하는 것으로 상황이 변하게 되었다. 창업에서의 도전, 두려움에 따른 정서는 일정한 자극으로 '할 수 있다'는 이지를 돋우어 싱공에 도움이 될 수 있지만, 지나친 불안조성은 포기로 이어질 수 있다.

2) 연인들의 창업 two

아래의 그림은 문제해결력을 알아보는 '빗속 사람 그림검사'이다. 통상적으로 많이 사용하는 주제로 비가 올 때 어떻게 대처하는가를 알아보는 그림이다. 처음 그림을 그릴 때 두 사람이 함께 우산을 들고 있었다. 이 팀의 멤버는 둘이고 둘 다 명랑하게 우산을 받쳐 든 모습이 문제를 즐기고 해결하는 과정에서 서로 의지하고 있음을 알 수 있었다. 비를 조금 맞기는 하지만 크게 개의치 않고 둘은 즐겁게 어디론가 가고 있으며, 실제로 손을 뻗어서 비를 만져보기도 하는 등 문제를 다루는 면에서 유능함을 해석할 수 있었다. 그런데 옆에서 그린 그림을 보면서 잠시 마음을 바꾸더니, 한 장을 더 요구하였다. 그리고 혼자 누워서 오는 비를 다 맞는 그림을 하나 더 그려 넣었다.

빗속 그림 검사에서 우산은 어려운 문제가 생겼을 때 도움을 받을 수 있는 것으로서 주변에 긍정적인 환경을 의미한다. 처음에 둘은 즐겁게 일을 시작하였음을 그림에서도 알 수 있다. 창업멤버 두 사람이 사귀고 있다는 것을 이야기하지 않았으나 그림에서도 나타나듯이 둘은 매우 긍정적인 모습이기에 가벼운 질문 몇 마디에 마음을 털어놓았다. 이후에 그림은 현재의 심경을 토로하기 위한 그림이었다. 처음 시작이 매우 좋았고, 잘 진행되고 있었기에 그 감정을 그림으로 그렸지만, 지금은 현재 혼자 매우 힘들다는 것이다. 비는 하염없이 많이 내리고 있고, 아무런 대책 없이 혼자 맞고 있다.

누워있는 상태는 비관일 수도 있고, 방관일 수도 있다. 핑크색 옷을 입은 귀여운 여인은 자신을 잘 따라와 주었지만, 현재는 모든 일을 혼자서 하는 것이다. 처음부터 혼자 척척 처리하였고, 너는 나만 믿고 따라와 주면 된다고 했었는데, 현실은 혼자서 어려운 감당을 하는 것이었다.

가끔 진중한 상담을 하거나, 판단해야 할 때 적절한 업무적 동료로서 대화를 바라지만, 그것조차 안 되는 상태이다. 일에 대해서 아무것도 모르는 여자 친구를 볼 때는 마음이 많이 답답한 것이다. 두려움을 깨고 함께 일을 진행하면서 적정한 일에 대한 공유가 필요한 시기가 온 것이다. 타인을 영입할 상태가 아니라면, 함께 일하는 것이 바람직한 모습이 아닐까 한다. 그러나 일에 대한 공유를 처음부터 시도하지 않은 것은 이유가 있을 것이다. 여자 친구에게 일을 공유하고 싶지 않다면 적절한 전문가를 새로 뽑고, 여자 친구는 연인의 자리로 가는 것이 맞는 것이다. 전문성은 사업에서 매우 중요한 부분이다. 억지로 자리를 만드는 것은 서로를 위해서 좋을 수 없다.

창업할 때 같은 연구실의 동료들과 의견을 모아서 연구 분야에 획기적인 아이템을 만들고자 창업을 하기도 한다. 친구들과 의기투합하여 서로가 시너지를 내는 창업팀도 있지만, 서로 이해를 요구하며 힘든 일에 참여하지 않아 어려움이 되는 멤버도 있다. 위의 그림은 한 명의 리더와 한 명의 전문가와 리더 친구 한 명이 참여하여 창업하였다. 아이템은 인터넷 상품 브릿지로서 매우 창의적인 사업이다. 창업팀은 전폭적인 지지를 받으며 성장하였고, 멤버들은 각자의 위치에서 열심히 일을 하고 있는 모습이다. 그림에서 리더는 주황색으로 자신을 표현하였다. 일을 많이 하고 부지런히 다니는 모습이 일을 즐기고 있었다. 파란색은 IT 기술력을 갖춘 전문가로서 자신의 영역을 확고히 하였고, 사실 혼자 독자적인 스타일이 강해서 눈과 입이 없지만, 나름 듬직하게 일을 수행하고 있는 모습이다. 나머지 한 명의 창업멤버는 바닥에 꽂혀 있는 풀로 표현하고 있다. 이것은 앞에서 반복적으로 설명하였듯 대하기 어려운 존재라는 의미를 나타낸다. 해초, 돌무덤 등의 부산물은 마음대로 옮겨놓을 수 없는 고정된 것으로 물고기에게는 방해요소이다. 창업멤버인 친구는 이해해 주겠거니라는 마음으로 큰 행사를 펑크 내어 리더가 매우 곤란을 겪은 이야기를 하였다. 창업에서 '함께'의 의미는 보다 전문성을 가질 때 의미가 있을 것으로 해석된다.

4) 멋진 꿈을 꾸는 창업자

　창업은 현재에 부단히 노력하고 시행착오를 거듭하는 동시에 막연한 기대로 그 고난을 견디는 것이다. 현재 부와 안락과 평온함을 찾기는 어렵지만, 나의 신념은 희망의 고지로 나를 안내할 것이다. 창업자들의 심리적 불안감은 매우 크다. 특히 직장 경험이 전무 하고, 가족들의 든든한 지지가 있지 않은 사람이라면 더욱 의지가 흔들릴 수 있다.

　다만 이들의 무의식 그림 심리 강의를 통해서 알게 된 것은 성공에 대한 경험이 많고 자신감이 있는 청년들이 창업을 시작하는 경향이 많다는 것이다. 이들은 무의식의 그림에서 친구들과 즐거웠던 어린 시절의 경험이나, 자신이 주도하는 그 무엇에 대한 커다란 맥락을 그려낸다.

이들이 털어놓는 스스로 느끼는 방어기제는 왜곡(distortion)으로 자신에 대한 이미지를 과장되게 긍정적으로 자각하고 있는 상태였으며, 지나치면 나르시시즘이라는 자아도취에 빠지게 된다. 정치에 나간 후보자들이 자신만이 세상을 바꿀 수 있다는 확신으로 유세를 하지만, 지나치면 공중부양 하거나 자신을 바라만 봐도 병이 낫는다는 병적인 모습을 보이는 것이 왜곡의 예이다.

그러나 청년창업자들에게는 자신감이 필요하다. 자신들의 창의적인 아이디어가 혁신산업이 되기 위해서는 확신과 신념을 가지고 끊임없이 노력해야만 하기 때문이다. 적절한 왜곡은 PT를 하거나 경쟁적인 상황에서 자신감을 갖고 열정을 보일 긍정의 힘이 된다.

앞의 그림은 세련된 여성 CEO 창업자의 그림이다. 그녀는 비록 작은 시작을 하였지만, 그 미래는 매우 혁신적인 도시형이다. 그림을 보면, 빠르게 달리는 차들과 건물에서 일하는 사람들, 이들이 끼워 맞추는 조각들은 잘 들어맞아 무엇인가를 건설하고 조직한다. 황금의 결실을 보는 조직은 성공을 의미한다.

이 그림은 낙서를 시작으로 하여 자신의 무의식에 들어있는 심상을 꺼내어 그림으로 그려내는 작업이다. 그녀는 도시에서 성공한 사업가로 자리하는 것이 미래 자신의 목표이며 꿈과 희망이다. 현실적이면서도 추상적인 위의 그림은 소망이기에 비현실적으로 느껴질 수 밖에 없다. 그러나 그녀의 바람은 확실하다. 도시적이고 세련된 성공을 꿈꾸는 것이다. 청년창업자를 현실적으로 도울 수 있는 정서적 지지와 선 경험을 선의로 나누어줄 수 있는 멘토, 경제적 후원과 투자를 중심으로 하는 정부의 지원정책이 보다 구체적이고 명확하여 이들이 체감하기에 실질적이길 바래본다.

5. 감정노동자

　　감정노동(Emotional labor)이란 서비스에 종사하는 사람들의 육체적인 노동과 정신적인 노동 이외에도 이들과 차별화된 또 하나의 자본주의의 특유한 노동으로서 감정노동이 있다. 다양한 환경에서 종업원들이 감정관리(emotion management)를 어떻게 하는가에 따라 조직의 성과에 영향을 미친다는 Hochschild(1979, 1983)[61]의 연구에서 시작된 개념이다. 심리적으로 동의하지 않은 감정이지만 직무상 외면은 다른 행동을 보이는 것과 심리적으로 동의를 일으켜서 외면으로 나타나는 행위와는 전혀 다른 측면을 가져온다. 이때 보이는 내면의 행위와 외면의 행위의 불일치인 이중적

61) Hochschild, A. R. (1979) Emotion work, feeling rules, and social structure. American Journal of Sociology, 85: 551–575.

Hochschild, A. R, (1983). The Managed Heart. Berkeley: University of California press.

인 행위에 대한 부정적인 영향의 결과로 우울증, 스트레스, 직무 소진(burnout), 자부심 저하(self-esteem) 및 자기소외(self-alienation)와 역할 소외(role alienation), 감정적 일탈(emotional deviation) 등이 발생한다. 이러한 영향에도 불구하고 직장에서는 피할 수 없는 감정노동을 하는 위치가 있다. 서비스가 많은 조직에서는 면대면 상호작용에 의존한다.

작은 실수 또는 오해로 고객을 화나게 하여 소란으로 번질 수 있으며, 컴플레인으로 이어지면 책임은 바로 자신에게로 온다. 소란을 피우지 않는다면, 인터넷상에 불만을 유포하여 안 좋은 평판을 가진 기업으로 전락할 수 있다. 이러한 불상사가 없도록 자신의 감정과 다른 품행을 보여야 할 때 우리는 감정 부조화를 겪게 된다. 개인은 감정 부조화가 발생하는 상황으로부터 떠나려는 현상을 Chau. Levy. & Diefendorff.(2009)가 이직 의도와 감정노동의 관계연구에서 밝힌 바

있다.[62] 감정노동이 심해지면 이직 현상이 자연스럽게 유빌되는 것이다. 장기적으로 직장에서는 감정노동의 발생 요인을 완화하고 해결하고자 하는 노력이 필요며, 관

62) ChauSL., Dahling, J. J., Levy, P. E., & Diefendorff, J. M. (2009). A predictive study of emotional labor and turnover. Journal of Organizational Behavior, 30: 1151-1163.

리하고 통제할 수 있는 요인으로 전환해야 한다. 다음의 사례는 장기적인 피해를 본 두 개의 사례이다.

1) 언어폭력 피해자

　이 그림을 그린 주인공은 콜센터 직원으로 삼십 대 중반의 여성이다. 실업계 고등학교 졸업자로서 사회적 경력이 없어 어렵다는 면접원의 면담을 뚫고 합격하여 대기업 콜센터에 취업한 지 십 년째이다. 그동안 승진도 하였지만, 여전히 전화 받는 업무를 면할 수는 없었다. 그나마 현재는 감정노동에 대한 용어 및 인식이 확실하여 폭언과 욕설을 하는 고객에게는 응답 대신에 경고 및 경찰에 고발하는 시스템을 갖추고 있었으며, 산업안전보건공단은 감정노동자 존중문화 캠페인으로 '#앤드유'를 펼치고 있다고 한다. '#앤드유'는 감정노동자 보호 조항을 담은 산업안전보건법 개정이 2018년 10월 18일부터 시행되었음을 알리자는 취지의 운동이다. 마트 판매원, 은행 창구직원, 콜센터 상담원, 사회복지사 같은 감정노동에 종사하는 노동자는 전체 노동자 10중 4명에 해당하는 규모이다.

현재 IT 기술의 발달로 미래세계에 없어질 직업군에 이들 몇몇은 포함되기도 한다. 콜센터 역시 여기에 해당하는데, IBM은 2020년이면 고객서비스 대응의 85%가 인간의 개입 없이 진행될 것이라 예측했다(Mckenna Moore, 2018).[63] 미래에는 욕설을 퍼부어도 녹음이 되어 본인에게 돌아갈 것이라 확신해본다. 그러나 현재는 아직도 인간이 최일선에서 업무를 담당하고 있으며 여전히 스트레스를 받고 있음을 말한다.

63) http://fortune.com/2018/10/22/artificial-intelligence-ai-lifestyle/
Fortune. 7Ways AI Is Changing How You Shop, Eat, and LIve. October 22, 2018.

이 여성은 미간에 주름이 자글자글 잡혀있는 상태로 대화를 이어갔으며 살이 매우 많이 쪄있었다. 스스로 조절이 안 된다고 토로한다. 자신의 성향 때문에 살이 많이 쪘는지 타인은 분간할 수는 없으나 오랫동안 한자리에 앉아있는 생활방식과 전화로 응대하기에 외모를 가꿀 필요가 없는 환경, 간식은 풍부하게 제공하는 회사의 환경도 한몫

한다고 토로한다. 인스턴트커피와 사탕 등의 간단한 간식은 무한 제공이기 때문이다. 스트레스를 받을 때 자신도 모르게 달달한 커피를 마시게 되고 밤에 잠을 못 자는 등의 악순환을 지속한다고 하였다. 같은 일을 하는 사람들은 대부분이 여자들로 구성되어 있어서 역시 자신을 가꾸거나 하는 마음이 그렇게 크지 않았다고 한다.

현재 미혼이며, 운동 부족과 간식을 즐기는 생활방식으로 살이 많이 찐 자신의 외모를 매우 혐오하고 있었다. 스트레스는 같은 응대를 무한 반복하는 지루함도 포함되어 있었고, 무작정 욕설을 하면서 자신의 요구가 점철될 때까지 전화를 끊지 않는 고객들에게 마지막까지 친절해야 한다는 사명감으로 오랜 시간 지내다 보니 겪는 자존감 상실이 가장 큰 고통이라고 전했다. 매일 일어나는 일은 아니었지만, 근무 기간이 길다 보니 자신도 모르게 위축되어 버린 자신을 발견할 때가 가장 슬펐다고 다고 하였다.

현재는 대응 매뉴얼이 생겨서 그나마 나아졌지만, 오랜 기간 노출된 참 자아(real self)의 손상이 컸던 것으로 예상하며, 이로 인해 점층적으로 우울증, 냉소주의(cynicism)로 발전하게 되었다.

위의 그림을 보면 검고 긴 머리로 얼굴을 가리고 있다. 눈, 입과 귀를 가린 것은 소통이 되지 않는 자신을 표현하고 있으며, 손과 발, 몸도 보이지 않는 것은 움직일 수 없는 자신의 위치, 상태를 나타내고 있다. 그리지 않은 것도 모자라 머리카락으로 가리고 있는 것은 자신을 스스로 미워하고 있는 것이다. 자신이 아름답지 않다는 자신감의 부재, 언어적으로 긍정보다는 부정의 상호작용 경험에 의한 패배의 심상을 그림으로 나타내고 있는 것이다.

우울증이 심하게 진전된 이 여성은 직장을 옮기지 않은 이유에 대해서 다른 일을 찾기에는 이미 너무 많은 시간이 흘러서 겁이 나기도 했고, 이직을 고려할 때 결국 같은 포지션을 선택할 수밖에 없는 것 같았다고 말한다. 현재는 많이 좋아진 환경을 이야기하기도 한다.

몇 회기에 걸쳐서 그림을 그리는 과정에서 머리의 길이가 짧아져 얼굴이 드러났다. 그림도 한층 밝아졌고 자신이 할 수 있는 일에 대해 구체적인 목록을 작성하기도 하였다. 목록 중에서 가능한 목표를 선정한 여인은 점차 자신을 가꾸어 가기 시작했다. 타인에게 자신을 드러낼 용기가 생긴 것이다.

지속적인 미술심리 프로그램을 통해서 이 여인은 삶의 방향을 설계하기 시작한 것이다. 어떤 심리 상담이든 매우 긴 시간이 필요하다. 최소 6개월이며 주 1회 또는 2회의 정기성을 띠어야 한다. 뒤로 후퇴할 수 있으며 원점으로 다시 돌아갈 수 있기 때문이다. 의존의 문제가 아니라 도움의 문제이다. 상담은 보조자의 역할이며 안내자로서 심리적, 정신적 '안녕'의 상태를 유지할 수 있도록 돕는 것이다.

2) 면대면 서비스업 종사자

위의 그림은 카페를 운영하는 바리스타의 그림이다. 요즘 전문직 종사자들이 카페 겸 작업실을 꾸리거나, 아예 바리스타로 직업을 바꾸어 카페를 운영하기도 한다. 북카페, 토이 카페, 어른이 카페 등 다양한 테마를 겸한 카페가 있다. 그러다 보니 한 집 건너 카페가 있을 정도로 많아 성업은 좋은 상권을 제하고는 미비하며 문을 닫는 곳도 종종 있다.

바리스타는 한때 잘나가던 작가이다. 그는 순문학 소설을 펴내는 작가로 몇 권의 책을 출판했지만 크게 이름을 올린 책은 안타깝게도 없었다. 정확한 성격처럼 순수한 문학을 좋아했지만, 매우 지루하다는 평을 받기도 했다. 그는 작은 카페 여러 개를 운영하는 지인에게 부탁을 받아서 하나를 지점장처럼 운영하게 되었다. 혼자 꾸려가는 책임을 맡았지만, 직원이었던 것이다.

바리스타를 시작하면서 가장 어려웠던 것은 자신의 기분과 상관없이 늘 같은 모습을 유지해야 하는 것이다. 물론 평소에도 별다른 감흥이 없기는 하지만, 누구와 대화를 하기 쉽도록 항시 친절한 모습으로 있어야 하는 것은 어려운 일이었다.

사실 그는 전직 작가로서 관찰자의 시선이 발달한 사람이다. 유심히 타인을 관찰하면서 성격, 취향, 옷차림에 대한 디테일을 찾아내고 성격과 행동의 유형을 살피던 사람이다.

글로는 청산유수이지만, 삶의 이야기를 나누는 것에는 낯을 많이 가렸다. 자신의 이러한 성향은 그림에도 나타난다. 카페에 준비된 작은 소품 하나하나 기억하면서 디테일한 부분을 날을 세워 그려냈지만, 창이나 문은 없다. 단면이 있기는 하지만 단면을 통해서 안으로 들어갈 수는 없다. 사람은 있으나 형식적이다. 옆에 있는 건물들은 먹통이다. 디테일한 모습까지 잘 그려냈고, 실제 풍경과 유사한 모습이지만 들어갈 수도 나갈 수도 없다.

그는 카페의 일이 힘들지는 않으나, 자신의 친절이 미치는 여파가 매출에 영향을 받는 것에 스트레스를 받았다. 수익을 위해서는 아르바이트를 많이 쓸 수도 없었으니 고객에게 친절을 보여야 하는 것에 스스로 주문을 걸듯 각인을 하고 있었던 것이다. 평소에 그에 대한 큰 컴플레인은 없으나, 말 걸기 주저하게 되는 분위기가 종종 나타나곤 했다. 한 집 건너 하나가 카페이다 보니 사람이 별로 없으면 생각이 많아지곤 했다.

바리스타 교육은 받았지만, 사실 정식 프랜차이즈 카페에서 일한 적은 없었기에 서비스교육에 대한 내부지침이 없었다. 크게 무슨 스킬이 필요할까 생각이 들지만, 실전에 들어가면 그 태도와 양상은 다르게 나타난다. 시끌시끌한 프랜차이즈에서는 내가 들어가면 바로 환영의 인사말을 크게 직원들이 말한다. 들어간 나는 누구에게나 말을 걸기 편해진다. 이런 내부 규정이 없는 카페는, 카운터에 온 손님에게 조용한 인사말이나 친근감이 있는 다정한 설명은 주문자에게 편안한 마음을 갖게 한다. 어려운 스킬은 아니지만, 평소에 말 거는 것이 어색한 사람은 이런 사소한 행동이 먼저 나타나지 않는다. 그냥 바라볼 뿐이다. 자신도 답답할 때가 많다. 어색한 웃음을 지으면서 이야기하는 바리스타는 이제 1년 차를 지났다.

이 정도면 더 활발하게 고객의 유형을 이해하고 패턴을 익혀서 응대할 때도 됐을 터인데, 자신의 성격은 고쳐지지 않는 것인지 고민을 하고 있었다. 우선, 바리스타가 자신에게 잘 맞는 직업인지 살펴보았다. 그의 마음속에는 글을 쓰고 싶은 생각이 깊숙이 자리하고 있었다. 사람과 면대면(face to face)을 하는 것이 처음에는 어렵지 않았는데 모르는 사람을 응대하는 것과 단순 반복 작업에 대한 지루함이 그의 마음 안에 깊숙이 자리하고 있었다.

결국, 자신의 그림에 대한 설명을 통해 스스로 자기 고백을 이어가던 중 더 늦기 전에 자신이 하고 싶은 마지막 도전을 하겠다고 선택하였다.

그는 Freud의 방어기제 중에서 고립(isolation)이 중요한 순간에 나타나곤 한 것이다. 친근하게 말을 걸어야 하는 순간에 오히려 더 자신을 분리하고 있었던 것이다. 그것은 자신도 모르게 일어나는 내부의 대처 기능이다. 지루한 일상과 함께 갈망의 길을 누르기 위한 내부의 무의식 행동 패턴이었던 것이다. 이러한 일이 자신도 모르게 일어나 더 스트레스를 받을 수 있다. 바리스타, 간호사, 미용사, 음식업, 화장품, 판매원과 같은 서비스 직업을 선택할 때는 자신에게 맞는지 꼭 고려하는 것을 권한다.

6. 워킹맘

    우리나라 고학력 여성의 경제활동 참여율은 2015년도 OECD 회원국들에 비해 최하위권[64]이라는 OECD 고용전망(employment outlook)이 보고하고

64) OECD (2015) OECD 인적역량 전략 진단보고서 요약 : 한국

있으며, 2016년 통계청에서도 고학력 여성의 취업률은 60%로서 고학력 남성의 취업률 90%에 비하며 매우 낮음을 말한다. 이러한 현상을 출산과 육아라는 원인으로 보는데, 특별히 30~39세 연령의 여성들의 취업률이 급격히 떨어지는 현상을 보이기 때문이다.[65] 한참 일에 매진할 시기에 그들은 경력이 단절되고 다시 경제활동을 시작하지만 낮은 자존감을 갖을

65) 통계청 (2018) 상반기 지역별 고용조사 : 경력단절 여성 현황.

수 밖에 없다. 오랜 경력이 존중받기에는 단절의 기간이 길고 짧음에

따라 좌절될 수 있기 때문이다. 같은 나이에 양육의 제약 없이 길게 일을 해온 남성과는 직위나 업무에서 당연히 차이가 날 수 밖에 없다. 이러한 제약을 받지 않기 위해 도우미를 고용하거나 부모의 도움을 받아 휴직하지 않고 일을 지속하지만, 가정과 일의 병행에서 오는 스트레스를 받게 된다. 이것은 고학력의 여성만 해당하지 않는다. 모든 여성이 사회적으로 칭찬받으며 남자들과 동등하게 성공하고 싶지만, 자녀를 잘 키우는 것 역시 자신의 몫으로서 최선을 다하고 싶다.

맞벌이를 선호하는 남성들의 육아 참여는 점점 늘어나고 있다. 통계청에 따르면 '2018년 일, 가정 양립지표'[66]에서 육아휴직을 사용한 남성들이 전 년 대비 56.3%가 늘어났으며, 정부가 2016년부터 육아휴직 남성에게 휴직

66) 통계청 (2018) 2018 일, 가정 양립지표.

급여의 지급 확대가 큰 영향을 미친 것으로 보고하고 있다. 그러나 남성의 육아휴직 7616명은 여성의 육아휴직은 8만2179명에 비하면 적은 수치이다. 2017년에는 남성이 1만2043명으로 내쑥 늘었으며, 여성이 7만8080명으로 전년도보다 감소했다. 하지만 여전히 육아는 엄마의 몫이 더 크다.

고용노동부가 2018년 9월에 개설한 고용상 성차별 익명신고센터에 4개월 동안 총 122건이 접수되었음을 보고하였다. 모집과 채용에서 남성만을 뽑거나 우대하는 성차별 신고가 63건(51.6%)으로 가장 많았으며, 교육, 배치 및 승진에서 남성우대 근무 배치 및 여성만 낮은

임금 지급으로, 업무와 무관한 행사 및 청소, 비서 근무 등에 33건, 임금과 임금 외 금품으로 성차별에 따라 다른 임금계약서를 작성하거나, 임금 폭의 차이로 26건, 정년퇴직 및 해고로 사업주 또는 상사가 여성 노동자의 결혼, 출산을 이유로 퇴사를 권하는 발언 또는 비하 발언이 22건으로 신고가 있었다.[67] 이는 지난 2년 동안의 신고 합산보다 많았다고 한다. 근무지에서 여성의 결혼, 출산에 따른 퇴사권유 및 모집과 채용에서도 이러한 이유로 여성을 제외한 공고문이 여전히 많은 것으로 나타나고 있다.

67) 고용노동부 (9019) 고용상 성차별 익명신고 4개월간 122건 접수.

여성의 사회 진출에 대한 환영이 젊은 여성만 해당하는 사회적 현실을 잘 반영한 보고이다. 워킹맘(working mom)이라는 말 자체가 '일하는 엄마'로서 사회적으로 환영받는 위치는 아니라는 것이다. 이들이 가진 문제는 일과 육아의 병행이며 육아는 영유아일 수도 있지만, 성인이 되기까지 성장하는 기간을 말한다. 청소년기에도 함께하지 못하는 엄마는 늘 자녀를 마음 한 켠에 두고 일을 해야 하는 부담이 있다.

사회 제도적 차원에서 이러한 해결을 위해 다양한 제도들이 있다. '출산 전후 휴가'는 근로기준법 임산부 보호 조항에 따라 출산 전과 출산 후를 합한 90일의 휴가이다. '배우자 출산휴가'는 사업장 규모에 상관없이 남편이 출산 전후로 5일의 범위 안에서 3일 이상의 휴가를 사용할 수 있는 제도이다. '육아휴직제도'는 만6세 이하 영, 유아를 가진 워킹맘이나 배우자에게 휴직을 제공하는 제도로 각각 3년이며 1년 한

도의 경력, 근속연수나 퇴직금 산정에 불이익이 없다. '육아기 근무시간 단축제도'는 만8세 이하 또는 초등학교 2학년 이하의 자녀가 있는 워킹맘에게 근로시간을 주당 15~30시간 이하로 줄여주는 제도이다. 법으로 보장된 제도가 구비 되어 있어 도움을 받을 수 있다. 그러나 어린 자녀가 있는 엄마만이 해당하는 한계도 있다.

1) 아가는 누가

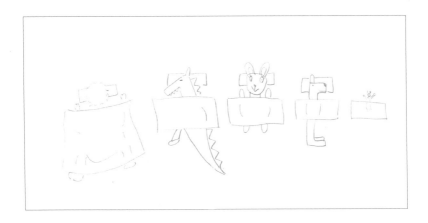

이 그림은 만4살을 얼마 지나지 않은 아기 엄마 R의 그림이다. 어느 날 집에 갔더니 이렇게 엎드려 자고 있는 아기를 발견하고는 너무 귀여워서 사진을 찍어서 SNS의 프로필 사진으로 한참 동안 올려두었던 것이라고 하였다. 유난히 아기가 잘 때 마음이 짠하고 안 좋다는 R

은 밤에 들어가니 자는 모습을 많이 보기 때문이라고 이유를 말한다. 그렇다고 한밤중에 깨워서 놀이를 할 수도 없으니 사진만 많이 가지고 있다고 한다. 그것도 여러 각도의 자는 모습을 낮에 꺼내어 본다고 말한다.

아기를 가지기 전부터 직장을 다니고 있었고, 육아휴직을 이용하여 아기를 기른 R은 둘째는 생각도 못 하겠다고 고백한다. 결혼을 할 때부터 아이는 시어머니가 키워주겠다는 다짐을 받은 상태였다. 너무나 자상한 부모님이기에 맡을 수 있었고, 부담 없이 자녀를 키웠다. 그런데 아이가 기저귀를 떼고 말을 하는 시기가 다가오자 걱정이 들기 시작했다. 아이가 너무나 버릇이 없이 자라고 있었다. 회사의 일은 무게가 있지만 이제 익숙해 져서 그렇게 어렵지는 않으나 주말에 아이를 보노라면 회사를 그만두어야 하는 것은 아닌지 걱정이다.

어렵게 공부해서 얻은 전문직으로 정년까지 보장된 일이며, 맞벌이를 선호하는 남편과의 의견 합의로 결혼하였으니 일을 그만두는 것은 의미가 없다. 그런데, 아이를 보자면 한숨이 절로 나온다. 위의 그림은 아주 예쁜 모습이라 두고두고 기억하는 것이다. 대부분 밥풀이 옷에 덕지덕지 붙어있거나, 머리를 자신이 가위로 잘라 헐크 같은 날도 있으며, 엄마의 눈썹 정리하는 칼로 자신의 눈썹을 밀어버린 날도 있었다. 다치지만 않으면 괜찮다는 것이 R의 생각이지만, 청결과 버릇없는 언어에 대해서는 아무리 훈육을 해도 잡히지 않았다.

시부모님께 반말은 기본이고, 할아버지를 할배라고 부르거나 할머니를 할매라고 부르며 즐거워하고 깔깔 웃는 것은 너무나 고쳐지지 않는다고 토로한다. 할머니는 너무나 자상한 나머지 모든 것을 허용하는 분이다. 자신을 할매라고 부르는 것도 즐거워하시며 아기는 그것 또한 놀이로 알고 있다.

기저귀를 떼려고 할 시기에 한번은 똥 싼 자신의 기저귀를 집어 던져 난리가 난 적이 있다고 한다. 할머니는 그래도 이쁘다며 혼내지 말라고 하셔서 엄마가 아무리 훈육을 하려 해도 무서워하지 않아 엄마의 걱정은 태산이었다.

첫 아이라 더욱 어떻게 하는 것이 좋은 것인지 감을 잡지 못하고 모든 양육을 시어머니에게 부탁드리고 있는 상황에서 옳지 않은 행동은 가르쳐달라고 아무리 말씀을 드려도 헛일이다. 시어머니와 분리를 하려면 다른 양육자가 필요한데 일하는 사람을 고용하는 것도, 어린이집에 오래 시간 두는 것도 맘이 편하시 않아 대안이 없다는 것이 R의 이야기이다. 현재 몇 달 후면 직장 내에 어린이집이 생겨서 출퇴근 시에 데리고 다니면 언제든 가까운 곳에 아기가 있으니 점심시간에라도 잠시 보러 갈 수도 있어서 좋지만, 집은 경기도이고 일하는 곳은 서울로 왕복 60㎞의 장거리여서 그것도 걱정이다. 이사를 해서라도 분리를 하고 싶은 마음이 들지만 옳은 판단인지 걱정이 앞설 뿐이라고 토로한다.

만 4살, 우리나라 나이로 5살인 R의 아기를 그림놀이을 통해서 정서에 대한 진단을 했다. 아기는 매우 건강한 정서를 가지고 있었다. 할머니를 매우 사랑하고 좋아했으며, 즐거운 내면의 감정을 가지고 있었다. 지금 할머니와의 분리는 오히려 상실감을 줄 수 있으므로 할머니의 양육 태도에 대하여 부모와 합의를 하는 것이 순서였다. 어린이집 원장에게 도움을 청하여 '존댓말, 식사 예절, 양치 예절, 청결 예절에 대한 개념과 행동습득을 알려주는 시기로 생활습관 형성에 양육자가 도움을 주어야 한다'는 상담을 지속적으로 할머니와 하도록 부탁드렸다. 할머니도 전문가의 적절한 권유로 하나둘씩 예절을 알려주는 것으로 변화를 시도하게 되었다. 그러나 양육의 문제는 늘 커다란 돌을 마음에 얹은 것 같은 무게를 준다고 토로한다.

2) 나는 누구

위의 그림을 그린 S는 주말이면 집안일도 많고, 아이와 놀아주기도 해야 하지만, 가끔 남편이 아이들 데리고 나가면 멍하니 티브이를 보는 일이 잦다고 한다. 그 이유는 드라마 속 주인공의 직장생활에 공감되기 때문이다. 특히 예전에 본 드라마 중에서 '미생'을 재미있게 보았다고 말한다. 미생이란 바둑용어이다. '집이나 대마가 아직 완전하게 살아 있지 않은 상태'로 사전에 나와 있으며, '살아 있는 상태'는 완생이다. 완생의 최소 조건은 독립된 두 눈이 있는 상태가 아닌 것을 직장인의 삶에 비유한 것인데, 모든 직장인들이 흥분을 하며 즐겨보는 드라마였다. S는 과장된 면도 있지만 팍팍한 현실의 삶이 잘 드러나 공감이 많았다는 것이다. 특히 기억에 남는 대사로 선 차장의 말을 기억하고 있었다. 직장에서 12년째 일을 한 워킹맘 선 차장은 일도 가정도 확실히 챙기는 모습이지만 그 이면의 고단함은 혼자만의 몫이다. 선 차장의 명대사는 후배에게 전하는 이 한마디이다. "결혼하지 마. 그게 속 편해", "세상이 아무리 좋아져도 육아와 일을 병행하는 건 쉽지 않아. 워킹맘은 늘 죄인이지. 회사에서도 죄인, 어른들에게도 죄인, 애들은 말할 것도 없고…"라는 현실을 그대로 읊어준다.

S는 이 말을 하면서 직장에서는 아무렇지도 않은 척하면서 불러오는 배를 붙잡고 만삭까지 근무하고 육아휴직을 썼던 자신을 기억하였다. 힘든 티를 내지 않으려고 노력했지만, 그래도 도움을 요청하게 되는 일들이 많아지면서 주위 사람들의 눈치를 보게 되고, 더 거칠어지게 된다고 한다. 미안해지는 일들이 늘어나면서 주변에서 피하는 것 같고, 관계도 힘들어졌다고 했다.

드라마 속 여성은 그렇게 당당하고 아름답게 묘사되지 않는다. 극의 흥미를 위해서 과장된 스토리와 주인공의 설정이 있기는 하지만, 2000년대 고용에 대한 불안을 소재로 한 드라마가 있었다. 남성만을 고용하는 카페에 채용되기 위하여 남장을 하고 취업을 한 여성이 나오는 드라마 [커피프린스]가 크게 히트를 했었고, 나이를 속이고 취직하는 '노처녀'가 주인공인 [동안미녀]란 드라마도 있었다. 드라마 속 여성 직장인의 성차별적 상황은 비현실적인 가상의 이야기 같으면서도 그 주제는 현실에서 가져오고 있어 많은 부분을 공감한다.

한국양성평등교육진흥원에서 '2017년 대중매체 양성평등 모니터

68) 서울 YWCA. 한국양성평등교육진흥원 (2017) 양성평등 미디어 문화 확산 토론회
자료집 (p101) 출연자 성별 분석 2 지표별 성 평등/성차별적 내용 수)

링 보고서(드라마 부분)'68)를 작성하였는데, 드라마 속 주요 등장인물의 직업군조사를 보면 회사의 중간관리자 및 임원은 남성이

16명인데 비해서 여성은 6명뿐이다. 특히 전문직업군인 변호사, 의사 또한 남성이 대부분이다. 직장여성에 대한 성차별적 요소는 직업군 수 외에도 중간관리자 및 임원 역할의 묘사에서도 나타난다. 여성관리자 모습은 성공을 위해서 물불을 가리지 않는 비윤리적인 태도의 악녀캐릭터가 따라온다. 독한 모습과 냉정한 사람으로 착한 주인공을 괴롭히고 자신의 위치를 유지하기 위해 거짓과 악행을 일삼는 갈등유발자로 나온다. 여성차별은 엄연한 현실반영이지만 드라마가 직장인 성차별을 다룬다는 점에서 비평의 대상이 되기도 하여 드라마도 변화의 바람을 넣고 있다

역 클리셰 드라마라고 불리기도 하는데, 전형적인 '신데렐라' 구도를 반전하여 남성은 신입사원이고 여성은 CEO로 상황을 바꾸어 사랑 이야기를 다룬 [남자친구] 드라마가 최근에 인기였다. 신데렐라 구도란 경제력이 있는 남성이 가난하지만 밝고 예쁜 여성을 만나는 과정을 그린 것을 말한다. 많은 드라마가 이러한 스토리로 부모의 반대를 겪으며 사랑을 이어가는 맥락을 가졌었다. 여전히 남성은 대표, 여

성은 비서 등으로 성 역할에 고정관념을 가지고 드라마가 만들어지지만, [남자친구]처럼 역할이 바뀐 드라마를 신선하게 생각하며, 의도 하에 만들기도 한다. 그러나, 여전히 여성을 성폭력의 대상으로 다루거나, 직장에서 성공을 위한 과도한 유혹, 거짓, 악행을 저지르는 여성으로 묘사하는 것에 시청률이 높다.

바람직한 방송을 위한 다양한 노력이 있겠지만, 시청하는 개인은 '미디어 리터러시(Media Literacy)'에 관심을 가져야 한다. 이것을 경기도 교육청[69]은 '대중매체 바로 보기'라고 했으며, 한국교직원공제회의 칼럼[70]에서 '미디어 문해력' 교육을 '미디어를 읽고 쓸 수 있는 능력을 신장하도록 도움을 주는 교육'으로 정의하고 있다. 성균관대학교 현은자 교수는 '대중매체의 언어와 유아의 언어'(2014)[71]에서 미디어 리터러시란 '미디어를 읽는 능력'으로서 Potter(2014)의 다음과 같은 말을 인용하였다. '미디어 리터러시를 인지적, 정서적, 미학적, 도덕적 영역으로 나누어 각각의 영역에서 미디어 메시지를 읽기 위해 필요한 기술(skills)과 지식(knowledge) 구조를 제안하였다. 이러한 구조를 가진 사람의 특징으로 다양한 미디어 메시지에 대한 성향, 기호, 취향을 갖게 되어 자신이 노출되는 메시지를 결정할 수 있고, 자신의 고유한 기준과 신념을 발달시켜서 미디어가 가져오는 효과에 대한 통제력을 갖게 된

69) 경기도 교육청(2016) [대중매체 바로 보기(Media Literacy)] 성교육 지도서 개발위원 공개모집 요약.

70) 강정은(2016) 수업을 통한 미디어 문해력(Media Literacy) 기르기.

71) 현은자 외 (2014:50-51) 대중매체의 언어와 유아의 언어. 한국기독교 유아교육학회 2014년 14차 추계학술대회.

다'고 보았다.

[미생]이라는 드라마가 감정적 공감을 일으켜 분노를 도출하고 삭이는 과정에서 작은 카타르시스를 느낄 수는 있겠지만, 궁극적인 현실변화는 가져올 수 없다. 삶이란 그런 것이라며 허무주의에 빠질 가능성이 커서, 불합리한 현실을 드라마에서도 그러하듯 나도 받아들일 수밖에 없다는 체념으로 마무리할 수 있다.

S는 늘 죄를 짓는 사람처럼 느껴지는 환경이 힘들다고 토로한다. 아이에게도 미안하고, 직장 동료에게도 미안하고, 남편에게도 미안한 마음을 보여야 자신 스스로가 편안하다는 것이다. 어디 하나 불편을 따지면 눈덩이처럼 갈등이 불어나기 때문이라고 토로한다. '나 하나 참으면 편한데…'라는 생각으로 늘 꾹꾹 눌러 담은 감정이 폭발하지 않기를 바랄 뿐이라고 했다. 그래도, 아직은 첫 아이이고 남편이 잘 도와주어서 가족을 생각하면 미소가 지어져서 생활을 영위하는 데 힘이 된다고 한다.

그림은 직장의 생활보다 가장 행복을 주는 두 대상을 즐겁게 그리고 있다. 밝은 표정의 아들과 남편은 비슷한 포즈로 어디론가 가고 있다. 정작 본인의 이름 대신 **엄마, OO 아내로 불리는 가정이지만, 이들이 있어 행복을 느끼고 얻을 수 있어 직장에서 자신의 이름을 당당히 내세우고 일할 수 있다고 고백한다. 워킹맘에게 일과 가정의 양립이 힘에 겨우면서도 서로에게 긍정을 주는 것을 알 수 있다.

3) 화병 날 듯

새롭게 K 차장이 들어왔다. 크게 이력이 있지 않지만, 일류 여대를 나와서인지 예우 차원의 직급이 주어졌다. 나이에 비해 마른 몸을 유지하고 있으며 긴 머리에 힐, 짧은 치마와 레이스, 수시로 변하는 패션이 어린 시절을 동경하는 듯 보인다. 아직도 20대처럼 반짝거리는 액세서리 핀을 꽂거나 목에 초커라는 목걸이를 하기도 한다. 한번 입은 옷은 다시 입지 않으며, 매번 새 옷을 입는데, 그렇게 고급스러워 보이지는 않는다.

옷이나 핀으로 평가하려는 것이 아니라, 나이에 맞는 느낌이 들지 않아 부담스러울 때가 있음을 이야기하고 싶은 것이다. K 차장은 경력이 단절되다 보니 나이가 많아도 낮은 직급을 가질 수밖에 없었다. 그녀의 직속 상관인 팀장이 더 어리다. 직급은 나이로 되는 것이 아니기 때문이다. J 팀장은 미혼으로 **패션에 15년째 근무하여 실력을 제법 인정받고 일도 잘한다. 미혼이라 그런지, 의류회사에 다녀서 그런지 축적된 세련미가 있다. 야리야리하지만 매우 강한 성격으로 똑 부러지게 일을 하는 차가운 도시 여자란 뜻의 '차도녀'가 별명이다. 직원들 사이에서 크게 가십이 될 만한 일을 벌이지 않는다. 문제는 K 차장이 입사하면서부터 시작되었다. K 차장은 첫 회의에서의 말투와 언성이 마치 화가 난 사람처럼 올라갔다.

누구나 양보를 해야 하는 상황이 되었다. J 팀장의 입장에서 몹시 당황했다. 위아래가 바뀐 느낌으로, K 차장의 의견이 좋아 보이지도 않는데 얼결에 동의하는 분위기가 싫었다. 상급자가 보기에 흡족한 회의가 아니었다. 부담이 많이 되는 이 상황에서 개인적으로 K 차장을 불러 이야기를 나누었다. 여전히 자신의 생각이 관철되지 않으면 화를 낼 기세였고, 웃으며 이야기하지만, 대화가 되질 않았다. K 차장은 J 팀장의 이야기를 전혀 듣지 않았다. J 팀장이 이야기를 시작하면 딴짓을 하고, 다시 자신의 생각을 말하였다. 맥락이 전혀 맞지 않은 상황임에도 주장은 계속되었다. J 팀장은 언성을 높였다. 내가 팀장이라는 것, 상급자라는 것을 확실히 할 필요가 있었다. 결국, J와 K는 회사가 떠나갈 듯 소리를 지르고 직원들은 회의실 앞에 몰려들어 난장판이 되었다. K 차장은 J 팀장이 없을 때 쉬지 않고 그의 행동에 대해 이러쿵저러쿵 이야기하기 시작했다. J 팀장은 사내 분위기를 바로바로 느낄 수 있었다. K 차장의 표정에서 "방금 내 이야기를 하고 있었구나"를 볼 수 있으니 말이다. 불편한 것은 주변의 사람들이었다. K 차장의 맥락은 J 팀장은 심술이고, 일 처리 못 하고, 자신을 이유 없이 미워하는 존재로 피해자의 입장을 자처하는 것이다. J 팀장은 일에 대한 오류가 생길까 걱정과 근심이 쌓여가기 시작했으며, 팀원들의 가십이 되는 것을 불편해했다. 그들의 대치에 누구의 편을 들어주는 것이 어려워진 팀원들은 서로 눈치를 보고 있을 뿐이다.

K 차장은 어린 시절에 자신은 J 보다 나았다는 확신이 있었고, 지금도 J 팀장보다 내가 더 낫다는 내면의 가설이 있었으며 이것을 꺼내는데 화라는 방어기제를 사용하였다. 이것은 행동화(acting out)로, 자신을 위협할 수 있는 더 나은 존재를 향하여 공격하는 형태로서 미성숙한 방어기제에 해당한다. 상황에 대한 두려움을 즉각적인 행동으로 반

응하여 본인의 감정을 충족하고 해소하며 이후의 일들에 대한 생각이나 결과를 고려하지 않는 충동적인 수준에서의 발현이다. 또한, 경쟁자가 없는 만만한 대상과 있을 때는 자신에게 유리한 상황을 꾸미고 이러한 감정을 그들에게 투사(projection)하여 동질성을 가지게 만들려는 과도한 시도를 하는 것이다.

이러한 사람의 과거를 들여다보면, 일류 여대를 갔을 때 경쟁에서 승리했던 자신의 모습을 현재까지 끌어안고 있으며 그것을 토대로 모든 것을 해석하려는 과도한 시도에서 비롯된다. 그러나 시간은 지났고, 자신은 중년을 훨씬 넘은 나이라는 것을 토대로 하여 현재 상황을 객관적으로 보아야 한다. 상황에 대한 해석의 오류는 많은 갈등과 대립을 만들게 되어 스스로 더 힘들어진다. 또, 자신의 해석이 받아들여지지 않을 때가 하나둘 쌓여 이유 없는 분노를 가지게 된다. 이 분노가 해소되지 않은 상태는 매우 위험하다. 마음에 화를 쌓고 있는 사람일수록 경쟁자나 위협적인 대상이 나타났을 때 이유 없이 대단한 화를 내어 큰 트러블을 만들기 때문이다. 살아가면서 계속 적을 만들고, 대립을 만들게 되는 것이다.

경력이 단절되어 불합리한 대우를 받는다고 생각되어도 자신이 어떻게 행동하는 것에 따라 불합리는 사라질 수 있다. 불합리를 인정하는 이유를 만드는 것, 트러블 메이커가 되기보다 사라지게 하는 행동이 훨씬 성숙한 모습이다. 성숙한 해결은 만족을 가져올 수 있다. 시작

은 자신과 상황을 바르게 바라보는 것에 있다. 사실, 문제를 해결하고
자 하는 과도한 시도는 불안에서 온다. 위에 트러블을 가져오는 방어
기제 또한 불안에서 온다. 우리가 자신을 바로 보아야 할 이유는 현재
의 분노가 불안에서 오는 것인지 스스로 알기 위함이다. 내면의 불안
을 해결하면 상황을 바로 볼 수 있어 오해를 가져오는 행동이 줄어들
게 된다. 조금은 불합리하고, 이해하기 어렵더라도 바라보는 시간을
갖기를 바란다. 묵상이라고 해도 좋다. 상위 인지(meta-cognition)을 활
용할 수 있게 되어 원하는 결과를 가져올 수 있을 것이다.

7. 원가족의 문제를 가진 직장인

원가족(family of origin)이란 한 명의 사람이 태어나 성장하는 과정을
통하여 사회적으로나 심리적으로 소속감을 느끼는 가족을 말하는 것

72) Bowen, M. (1978). Family therapy
in clinical practice. New York: Jason
Aronson.

73) Bowen, M (1976). Theory in
the practice of psychotherapy.
In P. J. Guerin, Jr(Ed). Family
Therapy: Theory and Practice. New
York:Gardner Press.

으로 Bowen(1978)[72]은 '분화'개념을 중시
하였는데 원가족과 타인, 자기 내부의 이
성과 감성의 적절한 분리를 '분화'라고 하
였으며 분화되지 못할 때 불안이 일어난다
고 보았다. 원가족의 영향력으로부터 독립

적으로 기능하는 자기(Self)를 강화하는 것이 중요하다.[73] 과거 원가족
의 관계 경험에서 남은 부정적인 정서를 처리하지 못한 채 현재의 삶
을 살아간다면 끝없이 같은 실수를 반복하게 된다. 그것이 무엇인지

개인 스스로 알지만, 해결점을 찾기란 어렵다.

　가족은 오랫동안 지녀온 고유한 관습, 생활양식을 옳다고 믿으면서 살아간다. 예를 들어, 거친 언어를 형제간에 장난처럼 사용하던 유년기의 습관을 성장했을 때 고치기 어렵다. 아동기라 하더라도 형제, 자매간에 장난으로 "이년아" 또는 "미친년"이란 말을 사용하는 것을 가족이 아닌 타인이 본다면 매우 놀랄 것이다. 가족은 친밀감의 표시로 생각하던 언어라고 쉽게 생각할 수 있지만, 결코 가벼운 언어는 아니기 때문이다. 옳고 그른 것을 따질 수 있는 문제가 아니라 이러한 생활양식의 문제는 성인이 되어서 크고 작게 영향을 미치기 때문에 중요한 문제라고 볼 수 있다.

　'분화'는 성인이 되어서 이러한 행동 양식이 매우 어리석은 것을 깨닫고 멈추는 것이다. 분화가 일어나지 않은 개인은 타인 앞에서도 결코 욕을 애칭으로 사용하는 행동을 멈출 수 없게 된다. 미성숙한 행동이 여과 없이 노출되는 것이다. 직장에서 이러한 문제가 발견되면 여러 가지 문제가 이어질 수 있다. 예의 없는 사람으로 낙인찍히거나, 생각 없이 행동하는 사람으로 보일 수 있다. 무리 안에서 사람들은 다른 행동 패턴을 보이는 사람에 대해서 배척하는 경향이 있다. 이런 것이 심해지면 왕따가 생겨나고 가십거리가 된다. 또한, 갈등을 유발할 수 있다. 원가족이 가진 생활양식은 매우 다양한 형태를 가지기 때문이다.

　Bowen의 '분화' 이론 역시 주관적 관점에서 자신을 바라보는 것이 아니라 객관적인 시선에서 자신을 바라보게 한다. 제삼자의 눈으로 자신을 볼 때, 하지 말아야 할 행동이나 언어에 대한 반성 및 더 나은 자신의 모습을 갖추려는 노력이 나타난다. 관련 분야의 책을 찾게 되고 문제해결을 위한 노력을 하게 된다. 전혀 발달하지 않은 다른 심리적 근육을 기르게 된다. 운동해 본 적이 있는가? 근육을 키우기 위해서는 부단한 노력과 매일 매일 일정 시간 동안의 반복됨이 필요하다. 마음의 근육 또한 노력과 반복이 필요하다. 내재화된 마음을 바꾸는 것은 결코 쉽지 않다. 시작은 자신을 바르게 바라보기에서 시작된다. 잘못된 지적을 하라는 것이 아니다. 잘못이란 없다. 다만 몰랐을 뿐이다. 자책이나 위축은 문제해결에 별 도움이 되지 않는다. 몰랐던 부분을 알아가는 것일 뿐이고, 알았다면 실천해야 하는 것뿐이다.

원가족 문제의 심각한 또 하나는 특정인을 미워하는 분노의 내재이다. 심리적으로 분노를 안고 있으면, 가족 중의 특정인을 생각나게 하는 상황이 오거나 분노가 일어나는 감정을 가질 때 폭발할 수 있다. 자신도 모르게 특정인을 미워하는 마음을 담아 타인에게 크게 표출할 수 있다.

특정인이란, 예를 들면 부모가 자주 싸움을 보이고 감정적으로 어려운 호소를 하던 가정에서 나와 사이가 특별히 더 안 좋았던 엄마, 혹은 아빠 한 사람에 대한 적대적 감정이다.

아동기의 자녀는 힘듦을 호소하는 부모에게 큰 부담을 느끼고 미움의 감정을 갖게 된다. 엄마가 유난히 울고불고 감정적 의존의 상태였다면, 또는 엄마가 유난히 자신의 슬픈 감정을 무시했고, 받아 주지 않았다면 그와 비슷한 여성으로서 자신의 어린 시절을 떠올리는 연령의 자녀가 있는 대상에게 이유 없이 화가 나는 것이다. 이것은 자신의 감정을 엄마와 비슷한 여성에게 투사하는 것으로서 작은 이유로 엄청난 관계악화를 만들어 낼 수 있다. 실상은 엄마와 비슷해 보이는 여성의 내면은 전혀 다를 수도 있고, 자신의 화는 엄마와 풀어야 하는 실타래로서 오해는 더 커질 수밖에 없다. 이럴 때 자신은 감정적 조절은 고사하고, 스스로의 문제를 크게 드러내어 타인에게 보여줄 뿐이다. 결국, 나는 문제를 가진 사람으로 낙인찍힐 수 있다. 이와 관련한 그림을 살펴보고자 한다.

1) 심각한 가난

앞장의 그림을 그린 P 군은 **전자에 근무한다. 연봉도 괜찮은 대기업 근무자 P 군은 사실 고민이 많다. 주 52시간 근무로 야근에 대한 부담이 줄어든 시점에서 아르바이트까지 한다. 여자를 만나 연애를 하거나 삶을 즐기는 것은 어림없는 이야기라고 토로한다. 스트레스가 많은 P 군은 심리 상담을 지속해서 받고 싶어 했다. 내면에 쌓인 개인의 문제가 심각함을 스스로 느끼고 있었다.

회사에서의 상황을 하나 떠올려서 어항 안에 물고기로 그려보라고 했다. 그러나 자신은 가족의 그림을 그렸다고 하였다. 가족의 문제에 대하여 누군가와 이야기 나누고 싶었던 것이다. 다른 사람들처럼 가족이 삶의 든든한 지지자로서 기능하여 직장생활의 긴장을 덜어 주는 것이 아니라, 오히려 큰 부담이었던 것이다. 그림에서 무거운 돌들이 바닥에 깔려있고 해초가 놓여있다. 이것들은 문제, 걸림돌, 어려움을 나타낸다. 집안에 검은 물고기는 문어 뒤에 숨어있는데, 물고기가 아빠이고, 문어가 엄마이다. 자신이 문 앞에 나와 있는 세모의 물고기이고, 그 위에 있는 물고기가 여동생이다. 가족들은 전체가 아빠를 보호하고 있다. 특히 자녀가 밖에 나와 집을 보호하는 그림은 자신이 청년이지만 도움을 얻지 못하고 있는 현재를 잘 보여주고 있으며, 가족을 지켜야 하는 부담감을 그림으로 표현한 것이다. 집을 나와 바깥을 향하여 '보디가드'처럼 외부를 감시하는 모습으로 그려져 있다.

어항의 입구에는 사나운 이를 드러내고 무서운 눈을 한 커다란 물고기들이 이들을 향해 돌진하듯 그려져 있다. 결국, 그림은 가족을 위한 자신의 긴장과 노력을 그리고 있다. 부모의 부도로 아버지가 빚이 많다는 것과 자신이 밤에는 유튜브로 **전자와 상관없는 컴퓨터 프로그램 교육 사업을 병행하고 있다는 것이다. 물론 자신의 얼굴을 공개하지 않는다. 대기업에 다니면서 투잡이 사실상은 금지와도 같기 때문이다. 20대 후반까지 가족을 위해서 열심히 돈을 벌었지만 허무함이 넘쳐나고, 이대로는 30대까지 같은 패턴으로 꼼짝도 못 하고 밤낮으로 동동거리면서 무엇을 하지 않으면 안 되는 여유 없는 삶을 살아갈 것 같아 두렵다고 한다. 20대가 금방 지났듯이 30대도 어이없이 지날 것이라 현재의 삶에서 탈피하고 싶어 했다.

원가족의 문제는 끝없이 따라 다닌다. 낮은 자존감을 갖게 하여 좋은 직장을 가져도 포기하게 만들기도 한다. 어떠한 선택이 최선인지 순간순간 갈등이 일게 하며, 사람과의 관계에서도 원활하기 어렵다. 무엇인가 문제를 안고 있는 것이 느껴질 때가 간혹 있기 때문이다. 간간이 드러나기라도 하면 다행이지만, 자신의 문제를 해결하고자 친절한 사람을 만나면 기대 이상으로 자신을 노출하는 사람이 있다. 위로받고 싶어 하는 무의식의 기저가 마치 어린아이처럼 만들기도 한다. 이러한 방어기제를 퇴행(regression)이라고 하는데, 어린아이들에게만 나타나는 것은 아니다. 성인도 나이에 맞지 않게 유치한 행동이나, 친밀감을 드러내어 자신의 힘듦을 이야기하여 부담을 주게 된다. 이러한 형태는 일시적으로는 위로를 얻을 수 있으나, 관계의 영속성은 없다. 사람들은 부담스러운 존재를 피하기 때문이다. 적당한 절차와 순서에 맞는 알아가는 과정에서 주거니 받거니 하는 선행과 위로가 있어야 친밀감은 유지된다. 일방적인 위로는 없기 때문이다. 원가족의 문제를 가졌을 때 적극적으로 문제해결에 동참하고, 자신에게 주어진 짐들을 내재화하지 않는다. 객관적으로 모든 사실을 따져보고 함께 해결하는 방향을 찾는데 모든 가족이 동참해야 한다. 일부 위로가 있을 수 있지만, 특권이 되어서는 안 된다. 문제해결에 희생이 너무 크면 나중에 또 다른 문제가 떠오를 수 있다. 이 모든 것을 고려하여 가족 모두가 함께 해결하도록 노력한다.

2) 심리적 학대

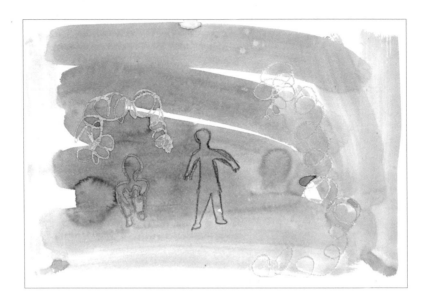

이 그림은 매우 창의적인 재능을 가진 K 군의 그림이다. 기발한 아이디어가 많아 홍보 마케팅의 적임자이다. 그러나 새로운 사람이 영입되거나 조직의 변화가 있을 때 매우 이려운 행동으로 사람들을 힘들게 하였다. 스스로도 분노가 내재된 것 같다고 말한다. 보통 대화로 해결할 수 없는 상황을 만들곤 하여 주변을 당황하게 하는데, 일을 매우 잘하여 상사도 딱히 제재를 가하기 어렵다.

K 군은 자신의 낙서를 들여다보면서 무의식의 기저에 자리한 어떤 생각을 꺼내어 그리기 시작했다. 항상 자신을 괴롭히던 어떤 상황을 떠올렸던 것이다. 어두운 곳, 부정적인 기억, 서 있는 사람과 웅크린 사

람이 있다. 서 있는 사람은 몸의 방향과 손짓의 방향이 웅크린 사람을 향해 있다. 눈과 귀와 입이 없어서 대화, 소통이 일어나지 않음을 알 수 있다. 실제로 둘은 말을 하지 않는 것이 아니다. 서 있는 사람의 일방적인 분풀이가 일어나고 있음을 그림에서 알 수 있다. 웅크린 사람은 그야말로 이 상황에서 약자이다. 어린 K인 것이다. 아빠는 매우 무섭게 K를 훈육했다고 한다. 반복적인 언어폭력과 비난으로 K에게 심리적 학대를 가한 것으로 보인다. 철사가 구부러진 것 같은 유선형은 분노의 감정이 끓어오르는 표현으로 해석된다. 회색의 물감 채색은 좋지 않은 상황임을 나타내고 있다. K는 자신의 아버지에 대해 강한 분노를 안고 있었다. 어린시절 아버지는 체벌도 가했다고 한다. 수치심, 모멸감은 낮은 자존감으로 이어졌고, 실제로 직장에서 실력을 발휘하고 있음에도 환경이 변화할 때마다 불안감을 갖게 된 것이다.

원가족의 문제는 무의식 깊은 곳에 자리하여 해결되길 기다리는 끊임없는 울림으로 남아 개인에게 영향을 미친다. 이럴 때 자기인식(self-awareness)을 도우면 좋다. 자기 안에 상처를 돌아보고, 나의 문제가 아닌 과거의 일임을 직시하는 것에서 시작한다. 상처를 꺼내는 것은 건강하고자 하는 욕구의 시작이므로 매우 긍정적이다. 그림이 어둡다고 해서 아주 안 좋은 것이 아니라, 매우 좋은 것이다. 자신의 불안을 꺼내어 보기 시작한 것이기 때문이다. 직시하는 것이 필요하다.

전문가가 탁월하게 문제를 다뤄주면 더할 나위 없이 좋지만 그렇지 않을 때는 자신을 많이 사랑하는 사람에게 의지하고 꺼내는 것도 좋다. 불안을 다 던지고 위로받아야 하는 존재라고 당당하기보다는 컨트롤해야 한다. 불안을 보아줄 주변인이 있다는 것은 매우 긍정적인 것임으로 어느 정도 성공한 사람이다. 그러나 불안은 권리가 아닌 변수로 다루어야 한다. 당당하게 "내짐을 네가 알았으니 들어줘, 나는 위로 받고 싶단 말이야."라는 권리, 투정이 아니다. 이것은 서로를 힘들게 할 뿐이다. 불안은 전이될 수 있다. 상대도 불안해질 수 있다는 것이다. 그러므로 변수로 다루어야 한다.

내 안의 문제, 불안, 과거의 어두움은 나누면 가벼이 없어지기도 하지만, 나눌 때 예의를 갖추어야 한다. 잘못 나누어 폭탄을 만들면 안된다. '변수'는 전혀 예상치 못한 결과도 가져올 수 있는 것이다. 그러므로 조심스럽게 나누어 들도록 한다면 결국에는 가벼워질 것이다. 그렇게 상처를 꺼내 인지하고 가볍게 만들어 버린다. "그때 그랬어, 지금은 뭐 다 지난 건데, 그런 감정이 현재의 행복에 영향을 미치는 것을 허락하지 않겠어." 태도의 변화가 시작된다. 또, 자신의 강점, 칭찬, 바람직한 모습을 꺼낸다. 부정이 가득한 마음이 비워졌으니 긍정을 채워넣을 때이다. 자신의 창의적인 아이디어를 위해 많은 경험, 책 읽기, 호기심 채우기 등으로 자신감을 불어 넣어 준다. 변화는 일어난다.

K 군 역시 건조하고 서늘한 마음에 따뜻함을 채워 넣기 시작했다. 밝게 변했고, 사람과의 트러블이 줄었다. 더이상 환경변화에 까칠하게

변화하지 않았다. 이제는 다 지난 일이 되었고, 평온해졌다. 예로부터, '인간은 변하지 않는다.'고 말하지만, 그것은 노력하지 않는 사람들이 만들어 낸 합리화이다. '인간이기에 변화할 수 있다.'로 바꾸는 것이 맞을 것이다.

III

문제 해결

1. 당신의 세계관

문제해결을 위해 가져야할 태도에 대해 삶을 바라보는 눈은 어떠한가 묻고 싶다. 나 자신이 가진 신념은 부모로부터 길러지고, 다양한 경험에 의해서 생성된다. 여기에 기본신념은 내가 소유한 맑은 눈이라면, 다양한 경험, 영향을 받는 사상, 조언을 주는 멘토나 가족 등은 세상을 보는 눈에 안경을 끼워준다. 이 안경이 세계관을 형성하는데 영향을 미친다.

예를 들면, 드라마에서 신입사원, 여사원이 피해자로 자주 등장한다면 우리는 이들에게 피해를 주는 누군가를 미워하고 이들을 보호해야하는 생각을 갖게 된다. 그러나 실제로 이러한 사정과 다를 수 있다. 상사가 되고, 직원을 다루는 직급을 가지게 된다면 또 다른 고충들이 있을 것이다.

다른 예로, 남자든 여자든 아름다운 사람들이 많이 나오는 방송이나 소셜미디어에 노출된 우리는 아름답지 않은 사람에 대한 사소한 언행이나 행동을 할 수도 있다. 아름다움의 기준이 내면이 아닌 외면에 치중되었다면, 나에게 영향을 주는 것들을 살펴볼 필요가 있다. 아름다움을 위해 지나치게 소비를 하지 않는지, 함께 일하는 사무공간에서 아름다운 사람에 대한 예우로 그렇지 않은 사람이 피해를 입지는 않는지 돌아보자.

미디어를 예로 들었지만, 어떠한 사상이나 이데올로기에 빠져서 감정을 소비하는 것에 대해서도 생각해 보자. 정의가 있는 공간은 분명 필요하다. 그러기 위해 용기도 필요하고, 바른 행동을 선택할 수도 있어야 한다. 사무공간에서 어떠한 사상을 위해서 과하게 편을 가르거나 일과 상관없는 이야기로 업무진행을 더디게 하지 않는지 스스로 돌아보자.

아주 쉬운 예로, 어릴때는 소년소녀 삼국지를 읽고 인간관계의 전략을 배워야 한다고, 부모님이 권해준 V는 커서도 삼국지에 빠져서 모든 입무, 일, 관계에서 '정치'를 한다. 사람의 성격을 파악하고 좋아하는 말로 보장되지 않은 약속을 하면서 사이를 조정한다. V는 그것이 조정이라고 생각하고 정치라고 생각하지만, 그것은 이간질이고 사기이다. V의 부모는 한때 기업을 운영하던 분으로 삼국지를 맹목적으로 좋아하며 '정치 경영'을 주장하던 분이다. 결국 아들은 사람사이에 신뢰나 믿음은 전혀 없으며, 오로지 자신이 손해 보지 않는 관계만을 바라보게 되었고 매사의 모든 일들이 싸움으로 점철되거나, 배신으로 끝나기 일 수 였다. 자신이 가장 좋아하는 아끼는 사람이라도 그가 가진 세계관을 비평할 수 있어야 한다. 비평은 나쁘게 해석하는 것이 아니라 차분히 알아보는 것이다. 자신의 운명을 좌우할 수 있기 때문이며 삶의 태도를 형성하기 때문이다.

직장에서 서로 다른 세계관을 가진 사람들이 모여 다양한 사건들이 일어난다. 업무보다 사건해결이 우선이라면, 그것은 손해가 아닌가.

세계관(worldview)은 세상을 보는 관점으로서 임마누엘 칸트가 "판단력 비판"에 처음 사용하였다. 칸트는 벨트앙샤웅(Weltanschauung)이 일반적으로 세계에 대한 우리의 직관(Anschauung)이라고 하였으며, 영미권에서 이를 세계관(worldview)으로 번역했다.[74]

74) Naugle, D. (2018). 세계관 그 개념의 역사. [Worldview : The History of a Concept]. (박세혁 역). 서울: CUP. (원본발간일 2002년).

한 개인에게 있어 세계관이 중요한 의미를 갖는 것은 행동과 선택, 말과 생각에 영향을 미치기 때문이다. 옳고 그른 것에 대한 가치기준을 형성하게 하는 기준점에 영향을 준다. 세계관이 다른 사람들이 한곳에 모여 지속적으로 생활하는 공간에서 합의점을 찾아 일을 진행해야 하는 것이 직장인들의 숙명이다.

만일 너무 다른 세계관이 형성된 사람들이 모여 있다면, 서로를 이해할 수 있는 계기가 필요하다. 그동안 회식으로서 이러한 것을 대체하였다면, 다른 대안이 필요해 보인다. 예술을 통해서 접근해 보면 이야기는 달라진다. 소심하고 어리석어 보이는 상사를 이해할 수도 있다. 사실 그의 내면에는 싸움보다는 친절이 가득하고, 나서기 보다는 배려가 가득하다. 경쟁 우위의 시대에 빠져있는 사람이라면 상사가 너무 답답해 보일 것이다. 그러나 상사는 오히려 업무평가면에서 그 위의 상사에게 좋은 점수를 받는다. 경쟁보다 화합이 우선인 회사의 경영 방침이 그러한 것이다. 여기에서 경쟁우위의 사람, 목표지향적이고, 경주마 같은 사람의 세계관이 달랐던 것이다. 이 이야기는 미술심리 과정에 참여했던 한팀의 사례이다. 결국 자신의 불만이 무엇인지 알게 된 직원은 퇴사를 결정하게 된다. 자신에게 맞는 직장을 찾는 것이 대안이 되었다.

세계관이 상이하다는 것을 우리는 받아들여야 한다. 그것이 첫 번째 문제해결의 움직임이다. 서로 다른 삶의 방식을 지적하고 피할 것이 아니라, 왜 그러한 생각을 가졌는지 이해하고 한 발 물러나 수용해 보길 권한다. 당신이 이러한 것처럼. 그는 그럴 수도 있다.

2. 감정이 몰려올 때

내가 싫은 사람은 분명히 존재한다. 그것이 어릴 때 트라우마이든, 함께 하면서 안 좋은 일을 겪었든, 나의 문제이거나, 상대의 문제이거나 상관없이 싫은 것들이 있다. 한가지 조언을 한다면, 어릴 때 트라우마로 회피하지 말았으면 한다. Freud가 말하는 5세 이전의 경험으로 생긴 트라우마가 성격을 결정한다는 것은 하나의 가설이다. 왜 스스로가 가설에 편중하여 자신을 병자로 만드는지 물어보고 싶다. 심리적으로 트라우마가 있다는 것. 심리치료가 필요하다는 것은 하나의 면피이다. 감정이 몰려오는 것을 잘 파악해 보자. 일이 하기 싫은 것은 게으른 습성이 존재할 수도 있는 것이고, 일이 싫은 것은 자신을 위한 행동이 아닌 것을 함으로서 관심이 덜한 것일 수도 있다. 자신이 잘하는 일이라면 칭찬이라도 받으면서 기분이 좋아 일을 하겠다고 하는 사람도 있다. 타인에게 관심을 두는 사람은 지극히 드물다. 사람들 모두가 칭찬을 좋아하지만, 그러는 그들이 타인에게 얼마나 칭찬을 하는지 묻고 싶다.

어떤 사람은 일이 싫은 감정이 극에 달하였는데, 그때 살짝 끼어든 사람에게 화를 풀어내는 사람도 있다. 자신의 감정을 조절하지 못하는 것이 아닐까 묻고 싶다. 노는 것은 누구나 좋다. 돈을 쓰는 것도 소비사회에서 누구나 좋다. 남들보다 능력 있다는 인정은 누구나 받고 싶다. 이것이 충족되지 않는 다고해서 일이 싫어지는 것은 아닌지 돌아보자. 일 자체에 내가 열심히 하지 않고, 애정을 보이지 않음에 일어나는 부수적인 안 좋은 일들을 트라우마로 변명하는 것은 아닌가 생각해 보자.

내가 상담을 했던 많은 케이스들의 사람들은 과거의 슬픔을 이야기 하는 것과 달리 자신이 잘하는 영역이 있었고, 뛰어난 부분들이 있었다. 그러나 한결같이 자신감이 없었다. 나는 그 부분에 집중해서 자신감을 주는 것에 노력을 쏟았다. 슬픔은 지체를 가져올 뿐이지만, 자신감 또는 자존감은 미래를 가져다 주었다. 자신을 사랑하는 사람이 되었으면 좋겠다. 어렸을 때 내가 할 수 있는 것은 그것이 최선이었던 것이다. 그때에 머물러 있다면, 앞으로도 계속 그 어린이로 밖에 살아가지 못한다. 지금 얼마나 아름다운 시기인지 보라. 자신이 즐기고 느낄 많은 것들을 어린이로 살면서 놓치게 된다.

감정이 몰려올 때 바르게 바라보길 권한다. 일과 감정의 분리를 하자. 현재 일이 하기 싫은 이유와 사람이 싫은 이유의 원인을 바르게 파악하자. 그러면 문제는 해결된다. 대부분이 원인을 외부에서 찾는다. 내부의 나는 어떠한 모습인지 바라보자. 게으르지는 않는지, 술과 약물, 등의 중독에 빠져있지 않은지, 놀이를 너무 좋아하여 외부미팅이나 여행, 노는 것에만 집중하지는 않는지, 나의 성향만을 위해 타인을 미워하는 것은 아닌지 생각해보자. 약물은 감기약이나 두통약 같은 사소한 것도 해당한다. 무엇이든 의존하여 불안이나 두려움을 가라 앉히려고 하지 말자. 우리는 혼자서 조용히 평정을 찾을 수 있다.

감정이 밀려올 때 감정의 노예가 되지 말자. 감정을 지배하고 컨트롤 해보자. 우리는 충분히 잘 지내고 싶은 마음이 있다.

3. 책을 읽자

감정을 가라앉히는 가장 좋은 방법은 이론서를 읽는 것이다. 빨갛게 달아오른 정신은 파랗게 정리된 이론서로 차갑게 만들 수 있다. 나의 감정이 논리적으로 정돈되기도 한다. 책은 인생이 가는 커다란 길이다. 내가 있는 곳이 넝쿨이 우거진 숲과 몸이 빠지는 늪이라면 절망이 지속된다. 기꺼이 커다란 길로 달려가고 싶을 것이다. 그 길은 책에 있다. 독서는 편식하지 않아야 한다. 어려운 이론서가 좋은 사람이 있는 반면에 소설 속에 빠져 지내는 사람이 있다. 둘 다 섞어보자. 튼튼히 정비된 길과 향기로운 꽃들이 만발한 주변을 만나게 될 것이다. 삶은 아름답다. 우리의 기저는 불안을 느끼는 요소가 더 발달해 있다. 불안을 느끼면 지속적으로 방어를 만들고 해결을 위해 집중하게 된다.

부정적인 언어와 습관에 노출된 사람은 우울함이 배가 되는 것처럼 불안은 그것에 빠져버리게 만든다.

반면에 행복을 보는 것은 잠시이다. 그저 지나버리고 만다. 자주 놓칠 수도 있다. 어릴수록 깔깔거리며 웃는 횟수가 많은 것을 상기해보자. 성인이 될수록 웃을 일이 없다. 깨달았다면, 웃음 요소를 찾아보자. 하나 둘 발견하다보면 직장 안에서도 재미난 요소들이 보일 것이다.

함께 하는 사람들을 이해하고, 재미난 요소를 발견하는 눈은 책이 길러준다.

4. 예술을 가까이 하자

우리가 살아오는 방식은 다양하다. 직장은 출력(output)을 하는 곳이다. 직장에서 잘 기능하는 인간이 되기 위하여 어릴 때부터 많은 입력(input)을 하면서 살아왔다. 언어, 경제, 정치, 사회 등의 다양한 방면에서 습득을 지속해 왔다. 이러한 행동에서 우리가 살수하는 것들이 무엇인지 돌아보자. 출력은 컴퓨터를 붙들고 수많은 설득을 위한 자료검증과 자료구축을 위해 노력하고 새로운 설득자료를 만들어 낸다. 업무적으로 연결된 사람들과 조합으로 새롭고 멋지게 태어난다. 자신의 일을 좋아하는 사람도 매일 비슷한 일들의 반복 속에서 생산하는 것들에 대한 한계점을 느낄 것이다. 가족과 시간을 보내고 싶어도 업무의 양은 많다. 버겁기도 하다. 또한 늘 내가 전공한 전문적인 일 외에도 다른 전문적인 것을 더하여 보다 낳은 작업을 요구한다. 창의적인 사고는 필요하지만 또 다시 입력 작업을 병행해야 한다. 멋지고 나은 모습으로 성장하는 데 배움은 도움을 준다.

현재의 상황이 너무 지루하다면, 예술을 가까이 하라고 조언하고 싶다. 명화를 보러가거나, 발레, 뮤지컬 등의 감상도 좋고, 연주회도 좋다. 요즘은 매달 마지막 수요일은 문화의 날로 지정하여 할인율이 높다. 예술의 감상이 필요한 이유는 작품의 스토리를 돌아보며 인간의 삶에 대해 바라보게 된다. 또, 인간이 내는 아름다운 몸짓과 소리가 가져다주는 절정에 몰입할 수 있다. 나또한 하나의 생산적인 일을 한다면 다른 사람들은 또 다른 거대한 생산을 한다. 그것은 아름다운 시각을 갖게 한다. 사람과 삶에 대한 다른 시각은 삶을 유연하게 받아들이고 보다 따뜻하게 사고하게 도와준다. 맛난 음식과 술, 고가의 명품, 여행은 마다하지 않지만 예술에 대한 관심에 비하여 참여는 저조하다. 그로인해 오는 내면의 변화가 눈으로 보이지 않아서 일지 모르지만, 스스로는 직장에서도 가정에서도 사람에 대한 이해를 많이 높여준다. 다른 감성을 만남으로서 감성지능을 높여 가게 되는 것이다. 이것은 전문서적 못지않게 창의적인 사고를 길러준다. 창의적인 사고란 하나의 전문성에 다른 전문성을 더하는 것도 포함된다. 내가 하는 일에 예술의 감성을 넣는다면 대단한 창조적 활동이 될 것이다.

더불어 하나 더 권한다면, 예술작품을 만든 것에 참여해 보자. 오늘

날은 자타 공인 입력(input)의 시대라면 출력(output)을 권하고 싶다. 작품을 만드는 과정 안에서 나는 몰입하게 되고 현재의 고민과 어려움을 뒤로하고 새로운 생각을 갖게 도움을 받는다. 문제해결은 언제나 자신에게 있으므로 자신의 생각을 변화하게 도와주고, 좀 더 유연해진 사고 안에서 삶을 보는 시선이 변화하게 된다. 적당한 예술 활동으로 나온 작품들이 비록 부족하고 잘하지 못하더라도 지속적으로 한다면 자신감이 생긴다. 모든 예술은 타고 나는 것이 아니라 습득하는 것이다. 적당한 시간을 지속적으로 한다면 분명 하나의 아름다운 삶의 기반이 생겨날 것이다. 예술가로 변화하라는 것이 아니다. 삶의 충전과 활력을 줄 것이다. 직장에서 긴박하고 안 좋은 상황이 발생하더라도 스스로 버틸 수 있는 힘을 줄 것이다. 모든 예술은 인간의 삶에 진리를 알려주는 무엇들이 존재하기 때문이다.

미술심리 이야기도 이에 편승하여 예술을 통한 자기인식, 내면의 변화, 리더십, 관계 개선등에 시도한다. 그림을 그리면서 일아가는 심리적 상태와 그림책을 만들면서 토해내는 나의 과거와 세계관, 명화를 보면서 느끼는 삶에 대해 우리는 깊은 토론을 할 수 있다. 그 토론은 비평으로 이어지고 나는 온당한 나를 찾게 도움을 받는다.

세상의 사건은 보이는 것, 그 이면의 것, 그 것으로 인해 이어지는 것 등의 세 가지가 따라온다. 우리는 보이는 것으로 반응할 뿐이었다. 그 이면의 것으로 서로 모여 뒷 담화를 하기도 했다. 또 그 것으로 인해 다른 일들이 벌어질 것을 예측하기도 했다.

분명히 개인에게 이러한 시선이 생긴다면 직장에서 어떠한 일들이 생기더라도 유연하게 지낼 수 있을 것이다. 결코 보이는 것이 다가 아님을 알며, 그 너머의 일들을 짐작하고 배려와 사랑을 보낼 수 있으며, 그 것으로 인해 일어날 일들이 옳지 않다면 행동하지 않을 것이기 때문이다. 이 책을 읽는 모든 이들에게 격려와 박수를 보낸다.

IV

성찰로 얻는
Meta-Cognition

성찰이란 무엇인가? Dewey(1933)를 비롯한 Kolb(1984), Mezirow(1991)등의 학자들은 학습과 성장이 경험의 성찰을 통해서 일어난다고 강조하며 경험만으로는 기대하기 어렵다고 강조하고 있다.[87] [88]

[89] '성찰'이 학습에 유용되고 있고, 성찰을 학습의 방법론으로 주장하면서 개인의 자연적인 '앎(인지)'에 대한 침해가 일어나고 있다. 목적을 위해 사용하는 의도는 아름다운 것을 수단으로 전락시킨다. 성찰은 한 개인이 알고자 하는 의문을 풀기 위해 부단히 노력하는 과정에서 얻어지는 아름다운 산물이라

87) Dewey, J. (1933). How we think: A restatement of the relation of reflective to the educational process. Lexington, MA; Heath. 정희욱 역 (2011). 하위 위 싱크: 과학적 사고의 방법과 교육. 서울: 학이시습.

88) Kolb, D. A. (1984). Experiential learning. Englewood Cliffs, NJ; Prentice-Hal.

89) Mezirow, J. (1991). Transformative dimensions in adult learning. San Francisco; Jossey-Bass.

고 생각한다. 지극히 개인적인 공간이고 스스로의 욕구에 의한 노력이 수반되어야 한다고 본다.

우리는 많은 학문을 통해서 학자와 그의 이론을 배운다. 앞장에서 다루었던 Freud의 이론을 예로 들어보자. Freud는 인간의 정신을 분석하는 학계의 보고로 심리학의 토대와 기반이 되는 획기적인 업적을 세웠다. 많은 심리학자들이 그의 제자로 입문하였으며, 조금씩 성격을 달리하면서 다른 이론들을 양산했다. 풍성한 심리학의 전성기를 누리게 되었고, 인간이라면 누구나 심리학을 배워서 사람들의 생각을 읽어보고자 하는 욕구를 가지게 되기도 했다.

이 이론은 '결정론'이다. Freud는 출생 후 5년 안에 심리적 불안과 질병의 증후가 결정된다고 보았다. Freud의 무의식 기저에 깔린 갈등과 두려움의 회피로 나타나는 방어기제 또한 결정론이다. 책꽂이에 첫째 칸은 소설, 둘째 칸은 학술보고, 셋째 칸은 영어교재, 넷째 칸은 만화로 분류할 수 있다. 내가 그렇게 결정했다. 그러면 책은 늘 그렇게 정리되어야 한다. 우리는 분류하고 정리되고 그 안에 잘 수납하는 것을 좋아한다. 깔끔하고 다음에 찾기 쉬우니까. 물리적으로 생성된 인공적인 것들은 그렇게 할 수 있다. 그러나 산등성이를 타고 올라가야 하는 언덕이나 구불거리는 길은 자로 잰 듯 네모나게 잘라서 반듯이 정렬할 수는 없다. 한없이 흘러가는 강물, 바닷물을 구획을 잘라 '내 물'이라고 강조한들 그것이 나의 물이 될 수 있을까? 인간의 정신은 결정론에 해당하는지 의문이 든다. 앞서 다룬 Freud의 방어기제는 물론 나타나는 일부의 현상이 맞다. 그러나 누구에게나 해당한다고 말할 수 없다. 그림에, 또는 그림을 그리는 과정에서 내 생각은 드러나고, 이러한 방어기제가 나타나는 사람들이 일부 있다. 그러한 사람은 상담에 적용하여 자신을 알아가는 것에 도움을 받을 수 있다. 중요한 것은 개인이 어떤 상황인지를 잘 가려내는 것이 중요하다.

어떤 이는 페르소나를 더 많이 사용하여 융의 이론에 가까울 수 있다. 또 어떤 이는 아들러의 열등감에 더 공감할 수 있다. 이러한 상황이나 상태, 나의 모습은 영원하지는 않다. 삶은 깨달음을 요구하는 사람에게 변화도 허용한다. 스스로 깨달을 수 있다면 가장 좋은 진리를 얻는 사람이지만, 우리는 주로 이성에 의지한다. 많은 학자들이 쌓아 올린 언어의 정의로 이루어진 이성의 '결정론'을 배우는 데 열중한다. 그리고 소속되고 싶어 한다. 나는 현재 어디의 이론에 떠돌고 있을까? 혹은 너무 많은 학습에 노출되어 정체를 알 수 없지는 않은가? 우리는 이렇게 많은 이론의 홍수에 떠밀려 어디로 가는지도 모르고 흘러 들어가고 있다.

타인의 결정론에 의한 '성찰'이 아니라 내면의 직관에 의한 '성찰'은 어떻게 다른가 살펴보고자 한다. 개인이 스스로 갈등 없이 혼자 설 수 있는 진정한 '성찰'을 찾기 위함이다. 언어의 유희로 쌓아 올린 정체 없는 타인의 이론에 의존하는 삶에서 벗어나 온전한 나를 바라보자.

1. 사랑이 기반이다

사랑은 추상적이고 구체적이지 않은 인간의 감정이다. 국어사전의 뜻은 '어떤 사람이나 존재를 몹시 아끼고 귀중히 여기는 마음, 또는 그러한 일'이다. 학문적으로 정의 내리기 어려운 명사이다. 물론 플라토닉 사랑이나 사랑의 삼각이론은 분명히 존재하지만, 개인이 스스로를 사랑하는 마음은 변질된 성의인 '나르시시즘'이나 '자기애'로 불리 운다. 정도가 지나친 현상이나 성적 사랑이 자신에게 향해 있다는 병적인 현상만을 다룬다. 자신을 사랑하는 마음이 적당한 것에 대한 아무런 지지도 없다.

자살률 1위의 대한민국의 사회에서, 태어나면서부터 미디어에 노출되는 시대에 유아기에도 "누가 더 귀여운가?"를 경쟁하고, 무슨 옷을 입는지 알지도 못하는 브랜드 경쟁을 한다. 학교에서는 어떠한가. 부모의 직업과 성적, 외모 등 자신이 선택할 수 없는 것들로 친구들과 경쟁한다. 우정이 먼저일까? 성적이 먼저일까? 성적이 나오지 않으면 비관은 기본이다. 밤잠을 줄여가며 공부한다. 공부는 직장을 얻기 위해서도 필요하지만, 직장에 다니면서도 필요하다. 자기계발, 외국논문, 새로운 가설습득, 전문용어 습득을 위하여, 자격증을 취득하기 위하여, 이렇게 소비되는 가운데 어떠한 정서로 자신 스스로를 바라보게 되는지 살펴보아야 한다.

조금의 실패에 자신을 증오하지는 않는지, 잊고 싶은 기억을 위해서 밤을 새워서 술을 마시지는 않는지, 자신의 작은 실수를 알아챈 상대를 미워하여 뒤에서 험담하지는 않는지 살펴보자.

그렇게 시작된 악은 주변에 영향을 미치고 자신에게도 반영된다. 스스로를 미워하는 삶과 자신을 사랑하는 삶의 차이는 어떻게 다를까 생각해 보자. 불안은 미움에서 온다. 직장에서 배움을 위해 노력하는 삶은 긍정적일 수도 있지만, 불안에서 오는 것일 수도 있다. 자신을 미워하는 것도 불안에서 온다. 자신을 사랑하는 삶은 작은 실패에 스스로를 다독일 것이다. 자신을 사랑하는 사람은 자신을 파괴하는 술을 마시지 않을 것이다. 자신을 사랑하는 사람은 타인의 실수도 용서할 수 있을 것이다. 결코 불안하지 않다. 자신을 사랑하는 마음은 충만한 마음이다. 타인과 경쟁하지 않고, 타인을 크게 의식하지 않는다. 타인을 위해서 살지 않는다. 타인과의 관계는 적당한 거리와 친밀감이 오가면서 나를 사랑하는 만큼 타인을 이해하려는 노력이 수반될 때 성공할 수 있다. 타인과 관계 맺기 어려운 사람은 자신의 문제를 해결하지 못한 사람이다. 자신의 문제해결 없이 타인과 좋은 관계를 시도하면 실패를 반복할 수 있다는 말이다. 그러니 먼저 자신을 사랑하자. 충분히 사랑하고 이후에는 타인을 이해할 수 있게 된다.

'성찰'의 기본은 자신을 사랑하는 마음이 있어야 한다. 자신을 믿고 자신의 삶을 충실히 살아가는 사람이 하루를 돌아보고 묵상함으로써 인격적으로 충만한 삶을 살아가게 되는 것이다.

삶의 만족은 어디에서 오는지 생각해 본 적이 있는지 묻고 싶다. 성취했을 때, 무엇인가를 자기 것으로 만들었을 때, 언어를 배우고 소통을 했을 때, 외국에 나아가 여행을 했을 때, 사랑하는 사람을 만나 연애를 할 때, 직장에서 승진하고 좋은 위치를 차지했을 때, 경쟁에서 이겼을 때, 돈을 많이 벌게 되었을 때 등 많은 상상을 하게 된다. 노력해서 이 중에 하나라도 얻었던 지점에서 과연 행복하고 만족하면서 머물겠는가? 아니면 다른 만족을 위해서 더, 노력하고, 더 찾지는 않을까? 이러한 것들은 만족을 주지 못한다. 그저 반복이다.

인격은 '사람으로서의 품격' 충만함은 '가득 차다', '들어차다'이다. 사람으로서의 품격이 가득 찬 사람은 어떠한 사람일까? 윤리적으로, 도덕적으로, 양심적으로 타인을 대할 줄 알고 자신을 사랑할 수 있는 사람이다. 과연 우리는 무엇을 위해 노력하는지 돌아보자. 이성적 충족에는 앞장서지만 정서적 충족에는 앞장서는가? 인격적으로 자신과 타인을 대하고 살아가는 모습인가? 나의 힘든 과정은 어디에서 시작되었는가. 그럼에도 우리는 같은 모습으로 살아가는 것은 아닌지, 하루의 끝에서 '성찰'이라는 시간을 가지고 돌아보기를 제안한다.

2. 객관적으로 바라보자

성찰은 Reflection 반영이며, 사전적 의미로 '자신이 한 일을 깊이 되돌아보는 일'이다. 자신을 되돌아보는 일은 결코 쉽지 않다. 하루가 어떻게 지나가는지 모를 정도로 바쁜 삶에서 특별히 시간을 내는 직장인은 칭찬받을 만하다. 심리적으로 불편한 감정을 느끼는 상황에는 꼭 특정한 누군가 있기 마련이다. 나를 유독 싫어하는 상사, 동료와 경쟁을 붙이는 상사, 퇴근할 때 일주는 상사, 외근이 많은 일을 나에게만 주는 상사, 자신의 기분에 따라 화를 내다가 칭찬을 하는 상사가 있을 수 있고, 시키는 일만 빼놓고 일을 하는 팀원, 최선을 다해도 모자라는데 매사 적당히 하려는 직원, 상사는 무조건 악이라 칭하며 경계하는 직원, 과도한 경쟁력을 지닌 동료, 우리는 이러한 특정인을 위해 종일

에너지를 쏟지는 않는지 돌아보자. 성찰은 외부에서 원인을 찾는 것이 아니다. 자신의 하루 중에서 유독 신경 쓰이는 사람과의 관계에서 객관성을 유지하는 것이 중요다. 억눌린 것이 많을수록 객관성을 갖기는 무척이나 어렵다. 자신의 잘못이나 치부를 정당화하려는 내면의 풀리지 않은 욕구는 더욱 자신보다 타인에게 그 오류를 묻게 된다. '성찰'의 시간은 아무도 죄를 묻지 않는다. 그저 같은 실수가 반복되지 않도록 돌아보는 것일 뿐이다.

미술심리 상담은 이러한 '성찰'을 돕는다. 그림을 통해서 '자기 반영'을 하고 주변을 반영한다. 이야기를 나누고 해석을 하는 과정에서 객관적으로 자신을 바라볼 수 있게 된다. 긍정적인 부분을 찾아 강화할 수 있고, 부정적인 부분은 받아들이고 대체를 찾아낼 수 있게 돕는다. 나를 바르게 바라보고 조절하는 능력은 상위인지(Meta-Cognition)에서 나온다. 사회적으로 조직 안에서, 또 개인의 삶 속에서 안정적인 모습을 유지할 수 있게 한다. 큰 그림을 보는 사람은 예측을 잘하게 된다. 예측은 정보를 통해서 얻거나, 관계를 맺음으로써 얻기도 하지만, 예측을 잘하는 사람은 직관으로 느끼기도 한다. 작은 말, 사소한 행동에 연연하여 그 문제가 풀릴 때까지 누군가를 경계하는 사람은 큰 그림을 보기 어렵고, 직관도 발달하지 않는다. 큰 그림을 보는 사람이 선점할 수 있는 것은 안정적인 나만의 자리이다. 존재에 대한 불안에 시달리지 않는다. 또, 타인에게 의존하지 않는다. 모든 것을 바라보며 한

발 한발 자신의 의지대로 내딛기 때문이다. 누구나 크고 작은 갈등을 겪지만, 가장 적절한 선택을 하는 사람은 속임수나 많이 가진 것을 활용하는 사람이 아니다. 진실하게 살아가는 인간의 모습을 간직한 사람이다. '성찰'은 진정성이 담긴 내면의 정화이다. 사람들은 즐거움과 잇속을 따르기는 하지만, 진정성에 더 감동 받는다. 그것이 바른 모습이라는 것을 누구나 알기 때문이다.

진정성이 담긴 '성찰'을 위해서는 나와 나를 둘러싼 주변 환경을 감정을 배제하고 바라볼 수 있어야 한다. 주관적 감정은 배타적인 성향을 더욱 강화할 뿐이고 안 좋은 상황을 고착시킬 뿐이다. 멀리서 다른 사람의 일인 것처럼 바라보면 무엇이 문제였는지 알게 된다. 그것이 시작이다. 한발을 시도했으면, 견디는 일이 남았다. 바라봄으로써 따라오는 많은 가능성을 견뎌야 한다. 옳은 선택을 했다면 변수는 줄어들기 때문에 자신을 믿고 꾸준한 모습을 보인다면 상황은 방향대로 진행될 수 있다. 직장이란 변수는 사실 예측보다는 일이라는 변수가 삭동한다. 어떻게 할 수 없는 불가항의 상황이 주어질 뿐이다. 그럴 때 나의 대처방법은 무엇인가? 감정은 고갈되고 불안정해지며, 좋은 위치를 선점한 동료가 미워지기도 하고, 마음 맞는 동료와 술 한 잔, 수다 한판, 인터넷의 재미난 기사, 결혼과는 상관없는 연애, 다 돈을 벌기 위해 힘들었으니 쓰는데 주력하는 쇼핑 등으로 반창고 붙이는 형태의 대처를 일관하게 된다.

특별히 나은 방법을 찾기는 어렵지만, 보다 나은 방법으로 보이는 선택을 할 수 있다. 지식탐구를 하는 고뇌하는 인간이 되기를 선택한다. 수없이 많은 교육, 이론, 방법론, 경제학, 경영학, 인간 관리학, 자기계발서, 심리학 서적 등 최신의 교육과 책을 읽는다. 혁신 리더가 되어 뛰어난 존재를 증명하고 싶다. 교육 탐구의 동기는 무엇인가? 파커 팔머는 [가르침과 배움의 영성]에서 인간의 지식탐구 동기에 대하여 '지배욕'을 이야기한다.[78] 지식은 곧 지배자가 될 수 있는 길이라 여기면서 일을 하는 도중에도 자기계발서를 읽게 되는 것이다. 그렇다면 직장, 조직은 이성만이 지배하는 세상인가? 묻고 싶다.

78) parker J. Palmer (2009) 가르침과 배움의 영성 [To Know As We Are Known : Education As a Spiritual Journey.] IVP. (원본 발간일 1983년)

3. 이성과 정서

우리는 지식의 홍수에 둥둥 떠다니는 존재들이다. 어디로 떠다니는지 알지도 못한 채 아는 것, 읽은 것, 사용하는 것에 집중한다. 정작 이러한 학습을 하는 나의 욕망은 무엇에 기인하는가를 묻고 싶다. 파커 팔머가 말하는 지식의 목적은 두 가지이다.

첫 번째, 인간 본성에 따른 '호기심'이다. 어린아이가 말을 배우면서 '엄마', '아빠' 외에 가장 많이 하는 말은 '이게 뭐야?'인 것과 다르지 않다. 호기심은 하나하나 알아가면서 세상을 배우게 되는 인간 안에서 출발 된 내부의 열정이다.

"인간은 캐묻기를 좋아하는 존재, 늘 사물의 안쪽으로 파고 들어가

숨겨진 비밀을 파헤치기 좋아하는 존재이다."

두 번째, 실용적 목적을 위한 수단의 지식으로 '지배욕'이다. 현재 우리가 배우는 많은 학문은 상당한 진보를 거듭해 왔지만, 그 가닥은 쪼개어지고 배울 것이 많아지면서 학문의 목표만이 남아 우리를 채우고 있다. 모든 학문에 윤리의식은 소멸한 지 오래되었다. 무엇을 위해 학문을 정진하는 가에 대한 의미는 '인간의 삶을 이롭게'가 아니라 '이 학문에서 최고'가 되는 것으로 전락한 현재의 교육을 탄식함과 같다.

"우리는 기술이 생태계에 미치는 영향에 대해, 인간의 행동을 조작할 수 있는 응용사회과학의 힘에 대해, 유전공학의 무서운 잠재력에 대해, 무엇보다 핵물리학의 파괴력이 점차 망각 되어가는 것에 대해 염려하고 있다."

지식이 어디서 비롯하는가 보다는 가치를 위한 사실을 어떻게 사용하는가에 치중하고 있으며, 지식 자체의 열정은 샘솟지 않은 지 오래이다. 수단적 사용을 위한 지식, 남에게 보이기 위한 지식, 보다 높은 계층으로의 이전을 꿈꾸는 지식 등이 이에 해당하는 것이다. 유전 조작을 장려하고 사이보그 인간을 꿈꾸는 세상은 보다 나은 진화를 목적으로 하고 있으며, 인간의 욕심을 해결하는 수단 외에는 진보의 꿈을 꾸지 못하는 것이다. 파커 팔머는 현재 우리의 교육이 치닫는 목적을 상세한 두 가지로 이야기하고 있다. 인간의 본성인 호기심을 권력과 지배를 충족하는 방향으로 우리를 몰아가고 있는 현실을 지적하고 있다. 직장에서 교육은 어떤 이로움을 주는 가에 맞추어져 있다. '더 낳은 생산성을 위한 평가방법', '프로젝트 수주를 위한 전문지식 교육', '사람을 더 잘 다루는 리더가 되는 방법', '평판을 위한 인터넷 글 관리' 등의 직장인 교육의 목적은 기업이 얻는 이익 중심이다. 정작 여기에는 '사람'이 빠져 있다. 이 교육을 듣는 사람은 무슨 생각을 하게 되는가를 따져볼 필요가 있다.

이성과 직관, 즉 지식과 정서로 대립 된다. 교육을 우수하게 이수하더라도 사람과 어울리지 못한다면 교육의 효과는 어느 정도일까? 또는 사람을 잘 다룬다는 생각으로 타인을 하나의 인격체가 아닌 목적을 위한 수단의 대상으로 대한다면 그 결과는 어떻게 될까? 아무리 친절하더라도 상대는 그 저의를 아는데 한 번의 업무 수행으로도 어려울 것이 없다. 결국, 지식만을 위한 교육은 그렇게 큰 의미가 없는 것이다. 지식을 위한 교육과 함께 정서를 다루는 교육이 병행되어야 한다. 가장 윤리적인 직업의식을 바탕에 깔고, 타인을 이해하는데 자신의 모습이 어떠한지 알아가는 교육이 필요하다. 그것이 지혜이다. 우리는 지식과 함께 지혜를 교육해야 한다. 지혜를 통한다면, 지식의 발현에 서로의 양보와 타협이 동반되고, 기업은 결국 원하는 목표를 지속해서 얻을 수 있을 것이다.

인간의 '지배욕'처럼, 지식은 위를 향하여 나아갈 때 습득되는 것이 아님을 강조하고 싶다.

이해(Understand)란 "낮은 곳에(under)"와 "서다(stand)"라는 두 가지 의미를 가질 때 얻을 수 있는 것이다. 높은 곳으로 가려고 충돌하는 직장이 아니라 즐거이 함께하는 직장이 되기 위해 낮은 곳의 배려를 기꺼이 준비하길 바란다. 이해가 동반될 때 안정과 발전이 함께 한다.

4. 상위인지(meta-cognition)를 활용하여 정서를 다룬다

기업은 이성이 지배하는 조직 같지만 결국 정서에 의해 굴러가는 것을 직급별, 상황별 '미술심리' 해석으로 알게 되었다. 미술심리를 경험했던 분들의 이야기를 들어보면, 신기하게도 내가 지향하는 것과 내가 중시하지 않는 것들이 나타났음을 고백한다. 타인을 바라보는 내 시선도 나타나고 있다. 상사는 무조건 무서운 분들인가? 하급자는 무조건 무시해도 되는가? 이러한 충돌을 우리는 어떻게 대처하고 있는가? 마치 없는 것처럼 지내기를 강요하고 있지는 않은가? 비전을 공유하기 위해 또다시 이론공부에 매진하지는 않는가? 나름 살아온 세월의 방식대로만 밀어붙일 뿐 변화 없이 지내지는 않는가? 돌아볼 필요가 있다.

수많은 사람을 만나면서 그래도 괜찮은 인상을 남기는 사람은 자신 돌아보기를 잘하거나, 객관적으로 상황을 바라보려고 한다. 적어도 문제를 바라볼 때 자신을 포함한다. 그러나 문제 상황에서 객관적이기는 매우 어렵다. 자신을 포장하는 방법을 더 많이 터득하고 있기 때문이다. 태어나면서부터 경쟁에 노출된 사회이다. 타인을 지배하려는 사람은 자신이 매우 뛰어난 사람이며 영향력이 있다는 과시를 할 때의 이득을 알고 있다. 타인을 지배하려는 사람은 자신의 이익을 위하는 사람일 뿐 '함께'라는 개념을 가지고 있지 못하다. 우리의 나아감이 지배욕에 있다면, 상대에 대한 감정은 무시되고 타인의 정서는 무너진다. 함께하는 조직에서 정서적 안정이 없이 생산성이 높아질 수 있을지, 매출이 증대될 수 있을지 묻고 싶다. 행복한 조직과 불안정한 조직의 차이는 무엇에 있을까? 개인이 자신을 스스로 '성찰'하고 정서를 조절할 기회를 주어야 한다. '인지 위에 인지'인 상위인지를 기르려면 '성찰'이 가장 중요한 열쇠이다. 모든 상황을 바르게 바라볼 수 있도록 돕는다. 적절한 정서처리와 행동을 선택할 수 있도록 바르게 바라보기를 기원한다.

직장인 마음을 읽다

초판인쇄	2019년 09월 09일
초판발행	2019년 09월 17일

지은이	이수형
발행인	조용재
펴낸곳	북퀘이크
마케팅	이동호
IT 마케팅	신성웅
디자인 디렉터	박마리아

ADD	경기도 고양시 일산동구 백석2동 1301-2 넥스빌오피스텔 704호

전화	031-925-5366~7
팩스	031-925-5368
이메일	provence70@naver.com
등록번호	제2018-000111호
등록	2018년 06월 27일
ISBN	979-11-964289-3-8 03180

정가 15,800원